Brian Alba

MOTIVACIÓN DE LEÓN

Este libro fue creado con la finalidad de ser calma en los tiempos difíciles, principalmente acondicionado a formas en cómo se puede salir adelante y triunfar en la vida a pesar de las adversidades o limitaciones.

Está diseñado para motivar y para encontrar el aliento que muchas veces falta, sobre todo en los tiempos que actualmente estamos viviendo.

ÍNDICE

PRÓLOGO

Desarrollo personal es un término muy amplio que quizás muchos conocen y dirán ¡más de lo mismo!, pero realmente es importante leer y estudiar sobre este tema. Muchos piensan que solos pueden ayudarse y eso no es cierto, siempre es necesario tener un guía y tener estudio sobre el tema para avanzar y liberarse de muchas cosas que nos pueden estancar y no nos dejan ser verdaderamente felices.

¿Y qué es la felicidad?

En este libro veremos un poco sobre eso, de cómo ha cambiado el mundo, y como a veces quedamos estancados en nuestro pasado no permitiéndonos avanzar y lograr la felicidad plena, te lo digo yo que crecí en medio de creencias negativas que no me dejaban crecer como persona, aquí te cuento un poco de esta experiencia.

También veremos un poco como se ha desvirtuado el concepto de felicidad, pensando que se trata de solo bienes materiales, pero si en tu interior no eres feliz, nada que venga de afuera podrá darte esa felicidad.

En definitiva, el dinero no garantiza la felicidad, la garantiza lo que hay en tu mente y corazón. Pero debemos buscar la prosperidad y salir adelante.

Solo traza tu plan, libérate del pasado y hazlo... Porque en definitiva puedes ser el rey del mundo.

EL MUNDO HA CAMBIADO

ORÍGENES

Escrito durante la Pandemia del 2020-2021.

La más devastadora de los últimos tiempos...

Diciembre 2019

Diciembre es un mes muy significativo para la mayoría de las personas alrededor del mundo, para la religión Cristiana Católica por citar un ejemplo, es un mes de gran importancia, ya que celebra el nacimiento de Jesús. No obstante, indistintamente de la religión, nacionalidad, raza o clase social, diciembre siempre será un mes cargado de esperanza para todos, ya que finaliza un año dotado de vivencias, experiencias y/o aprendizajes y de la espera de un porvenir mejor en el año que va a comenzar, esto es una realidad indudable en la mayoría de las culturas de la humanidad.

Para cuando llegó diciembre en el año 2019 el mundo seguía su curso con total normalidad, la humanidad continuaba en sus faenas diarias, planificando y disponiendo del día de mañana como si estuviera en nuestras manos, esto lo escribo en el sentido de que algunas personas solemos creer que el mañana es nuestro, y podemos decidir, que será de nuestra vida, no lo escribo en el sentido de la planificación. La planificación es buena, sana y necesaria, lo no conveniente es creer, que tenemos el control absoluto y obsesionarnos con el mañana.

En fin, en diciembre del 2019 cada uno nos encontrábamos encerrados en donde solemos vivir, nuestra propia realidad, se escuchaba una noticia al nivel mundial a la cual algunas personas le dieron importancia, otras tantas no le dieron nada de importancia, ya que no se trataba de un acontecimiento que les involucrara, o al menos eso pensaron, olvidaron el hecho de que todos estamos conectados nos guste o no, esta es nuestra verdadera esencia, no podemos desligarnos del resto de la humanidad, sea la nación, que sea, sea de otro continente, sean la mayoría de las personas de ese lugar de otra religión, de otra habla. La verdad, es que estamos unidos en este mundo y lo que acontezca en algún lugar, ya sea directa o indirectamente, nos influye a todo.

En Wuhan (China) había estallado una enfermedad infecciosa causada por el brote del patógeno Coronavirus, el de la Cepa hasta la fecha más recientemente descubierta, escuchábamos noticias sobre el *COVID-19 SARS-CoV-2 (coronavirus del síndrome respiratorio agudo grave tipo 2)*, el virus se identificó por primera vez por el ingreso hospitalario de un grupo de personas enfermas con un tipo de neumonía desconocida, la mayoría de los primeros ingresos tenían vinculación con trabajadores del mercado mayorista de mariscos del sur de china Wuhan.

El virus se comportaba de manera expansiva-agresiva y china se vio en la necesidad de salir rápidamente en defensa de sus habitantes con la construcción de centros hospitalarios de aislamiento en muy pocos días para sus contagiados, la forma y el poco tiempo en que china logró construir sus centros hospitalarios, causó mayor sorpresa y admiración en el resto de las naciones del mundo que la alarma del virus que estaba próximo a expandirse. Sin embargo, no faltó quién se hiciera preguntas como…

¿Si ese virus llega a mi país, puede nuestro gobierno asumir los estragos de este patógeno?

¿Tenemos nosotros la capacidad de organizarnos como se han organizado en china?

Más temprano que tarde llegó el mes de marzo y el Covid-19 ya se había expandido a casi todos los países del mundo, el 11 de marzo del 2020 la Organización Mundial de la Salud (OMS) se pronunció nombrando al Covid-19 pandemia

¡Pandemia!

A poco más de un siglo de la última pandemia al mundo la influenza de 1918 conocida como "Gripe Española" la cual acabo con 1/3 de la población mundial; llegó una pandemia con un patógeno que nos desconcertó a todos, porque no sabíamos nada de él: cambio la vida directa o indirectamente para toda la humanidad

La OMS dio a conocer lo siguiente:

"El virus se transmite generalmente de persona a persona a través de las pequeñas gotas de saliva, conocidas como microgotas de Flügge, que se emiten al hablar, estornudar, toser o respirar. Se difunde principalmente cuando las personas están en contacto cercano, pero también se puede difundir al tocar una superficie contaminada y luego llevar las manos contaminadas a la cara o las mucosas."

Las medidas de prevención recomendadas incluyen lavarse las manos, cubrirse la boca al toser, el distanciamiento físico entre las personas y el uso de mascarillas, además del autoaislamiento y el seguimiento para las personas sospechosas de estar infectadas."

Con la declarada pandemia, y las recomendaciones de prevención de la OMS, dado la cantidad tan creciente de casos positivos de Covid-19 y su alta tasa de mortalidad en el mundo, la mayoría de los países declaró estado de cuarentena total. Las clases escolares de nivel de iniciación, primaria, secundaria y universitaria, fueron suspendidas hasta nuevo aviso, cualquier actividad pública, recreacional como cines, parques, y cualquier centro de entretenimiento fueron cerrados hasta nuevo aviso, las actividades laborales también quedaron suspendidas exceptuando la de los sectores de salvaguarda de vidas como salud, las fuerzas militares, cuerpos de bomberos, defensa civil y la industria de alimentación. Todo esto se hizo con el fin de proteger a la humanidad de tan desbastadora pandemia.

Sin embargo, aun con la declaración de la cuarentena en la mayoría de los países del mundo, los casos de Covid-19 continuaron creciendo, y cada país cargó con la responsabilidad de solucionar las consecuencias, que se les iban generando por la pandemia. Muchas personas hicieron caso omiso de la existencia del virus, y en vez del distanciamiento social, motivo por el cual se declaró la cuarentena, aprovecharon para reunirse en fiestas y actividades clandestinas con medianos y grandes grupos de personas, lo cual género aún más la expansión del virus; otra consecuencia notable fue la reducción de personal de muchos lugares de trabajo, ya que, al no estar generando ingresos, las empresas no tenían como mantener tantos empleados.

Más allá de todo esto, muchos otros daños colaterales nos han dejado este virus que aún no terminamos de radicalizar y que, por el contrario, ha tomado una nueva sepa de la cual, aunque se espera que la humanidad esté más concientizada, no sabemos qué esperar. Porque si algo nos dejó muy en claro la primera sepa del Covid-19 es que no podemos dar por acertado que pasará el día de mañana.

LAS CONSECUENCIAS

El Distanciamiento

Para nadie es un secreto que el ser humano es un ser social, más allá de nuestras diferencias, todos nosotros tenemos arraigado en nuestro ADN el concepto de sociedad, por una razón Dios nos permitió venir al mundo en el seno de una familia.

El distanciamiento social ha tenido múltiples consecuencias tanto para las personas que no lo acataron, de los cuales una gran mayoría enfermaron de gravedad o enfermaron a sus familias y otra gran minoría enfermó sin sintomatología y expandieron el virus aún más. Creo que cuando este virus se radicalice o cuando la vacuna sea efectiva y todos los países tengamos acceso a ella, en algunos años se comenzarán a contar historias, emotivas personales como sucedió con la historia del Titanic, no faltarán las innumerables historias de personas que perdieron a uno de sus abuelos, aquel anciano que no había salido de casa porque recordaba la historia que le contaron sus padres de la pandemia de la gripe española y entonces ya estando concientizado y queriendo vivir acató el aislamiento, pero vinieron sus hijos, sobrinos o nietos los cuales no se distanciaron ni un solo día de la cuarentena, y no dejando esa vieja costumbre de acercarse en demasía a su amado familiar para saludarle a la vez que le da un beso, contagiaron de una vez al abuelo, quien pudo o no resistir al virus, pero que no debió enfermar nunca de dicho virus.

Creo que de esta experiencia las familias que pasaron por esto debieron aprender que:

"Amor no necesariamente es contacto físico"

También se hablarán de casos en los que enfermaron los niños por el indudable error de declarar al virus solo nocivo para las personas de la tercera edad, los padres que no encontraron como entretener al infante le enviaron a jugar a la puerta de su casa con los hijos del vecino, vecino que tiene un hermano que no se pudo distanciar porque debía trabajar vendiendo cualquier cosa de pregonero, porque si no lo mataba el virus lo mataba el hambre, entonces sin síntoma alguno enfermó a sus familiares entre ellos su sobrino que contagió a sus amigos de barrio y como todo estudiante de estadística básica sabe la probabilidad de ocurrencia de un evento es de 50%, uno o más de estos niños si presentó síntomas, si agravó y pudo o no morir, pero el punto es que no debió nunca enfermar.

Creo que de esta experiencia las familias que pasaron por esto debieron aprender a no fiarse de lo que no conocen, a no subestimar a un virus, nuestros hijos no son juego, son lo más preciado que tenemos y es nuestro deber primordial protegerlos.

Muchas historias se contarán en relación con el Covid-19 probablemente dado lo expansivo que fue el virus y el gran numeró de personas que atacó, no nos enteraremos de muchas interesantes anécdotas, pero esperemos que en lo personal cada uno haya aprendido algo fundamental de este acontecimiento y pueda trasmitirlo a la futura generación.

Ahora bien, lo que desde un principio estuvo claro respecto al virus fue que el distanciamiento y las medidas de Bioseguridad eran la única forma de mantenerte a salvo, se propagó rápidamente por los diferentes medios de comunicación incluyendo las redes sociales en todos los países del mundo, incluso países en los cuales sus sistemas de gobierno no acataron la cuarentena.

Campañas de…

"No salgas si no es necesario y de ser necesario, no salgas sin tu cubre boca"

¡Quédate en casa! ¡Nos volveremos a encontrar!

Entre otras consignas, el máximo líder de la iglesia católica, el Papa Francisco, también hizo oír su voz al proclamar "Caridad es prevenir".

A 10 meses después de la declaración de la pandemia y de las medidas tomadas de prevención, muchos sectores siguieron afectados grandemente, aunque muchos sectores productivos se fueron incorporando de a poco en la mayoría de los países y con todas las medidas de bioseguridad, recordemos que iniciando la pandemia en muchos países existieron despidos masivos dejando a familias enteras no solo a expensas del virus, sino imposibilitadas para enfrentar al COVID-19 y a otras enfermedades y situaciones más.

¿Cómo afectó el COVID-19 y el aislamiento a niños y adolescentes?

En el sector educativo, gran parte de las medidas que los países han adoptado ante la crisis ocasionada por el COVID-19 se relacionan con la suspensión de clases presenciales en todos los niveles, está situación ha originado el despliegue de modalidades de aprendizaje a distancia, a través de la utilización de una diversidad de formatos y plataformas, todo esto con el objeto de evitar la propagación del virus y disminuir sus consecuencias.

Sin embargo, se ha visto gran preocupación en el entorno educativo y familiar debido, a que, aunque los profesionales del área de educación, las instituciones educativas y el alumnado en general han tratado de adaptarse a la nueva situación, existe una verdad indudable y es, que no todos los estudiantes pueden seguir el ritmo de esta modalidad.

No todos los alumnos aprenden de la misma manera y no toda la comunidad estudiantil cuentan con los recursos necesarios para afrontar una educación a distancia. Cuando hablo de recursos no solo me refiero a la tecnología apropiada, sino también al apoyo presencial de un tutor en casa como uno de sus padres que le oriente en parte de las actividades, esto porque muchas veces los padres no están del todo capacitados para explicar a sus hijos temas escolares.

Lo anterior expuesto ha originado dificultades de todas índoles, los niños y jóvenes que no pueden hacer sus actividades evaluativas por no entender un tema se angustian, los padres que no pueden ayudar del todo a sus hijos en estas actividades se frustran, esto es sin contar los pocos casos de niños y adolescentes que no han aguantado la presión y han llegado a atentar contra sus vidas.

Por otro lado, el ser humano como ser sociable y los niños sobre todo los adolescentes por estar en una edad de mucha sensibilidad emocional, se han visto en situaciones complicadas y en muchos casos han requerido de ayuda psicológica, motivado a los estragos del confinamiento, porque si eres un niño o joven acostumbrado a una determinada rutina social como el hecho de asistir a clase, convivir con otros estudiantes y maestros además al salir de clase reunirse con compañeros de clase para poder realizar las actividades encomendadas, además de para actividades recreativas, en fin el mundo social donde están acostumbrados a moverse y un día de buenas a primeras se les confina a hablar con su grupo solamente por las redes sociales, esos mismos grupos que tantas veces le pedíamos a los mismos jóvenes que no vivieran tanto dentro de ellos y hoy se los presentamos como única alternativa, por más que le expliquemos a nuestra juventud que el confinamiento es por su bien, por más inteligente que sean ellos y entiendan cómo es el desarrollo del virus, por más filosofía que le hablemos referente a que es mejor resguardarse ahora para poder vivir mañana, ellos no lo van a aceptar, obviamente obedecerán, pero internamente estarán en lucha consigo mismos porque es una situación complicada para un ser social. Añada a esto, el grado de estrés de los padres que perdieron sus empleos por lo de la reducción de personal y no pudiendo controlar sus emociones de enojo y angustia, no son de muy buen trato con sus hijos.

¿Y entonces como se afectaron nuestras emociones?

Aunque la mayoría de personas del mundo habían escuchado algo sobre la noticia de la aparición del COVID-19 en Asía específicamente en china, muy pocas personas esperaban que este patógeno llegara a su continente y mucho menos a su país, ciudad, comunidad, familia en fin a su vida, pero abruptamente llegó el día para cada nación en el que se determinó los primeros casos de contagiados y con ellos la incertidumbre y preocupación de la mayoría y la expansión del virus que afectó a hombres, mujeres, niños y adolescentes sin importar credo, raza o condición social, si de algo podíamos estar seguros al principio es que el comportamiento del virus no era selectivo, y aunque al principio se le catalogó letalmente peligroso solo para hombres y mujeres de la tercera edad, poco a poco se determinó que una vez más nos equivocamos con nuestra costumbre de subestimar y fueron apareciendo por país y por ciudad casos de personas de todas las edades que habían estado expuestas al virus y enfermaron de gravedad.

Los seres humanos somos sociales y colosalmente emocionales, las emociones siempre están presentes en cada uno, e influyen en nuestra manera de pensar y en nuestra forma de actuar ante circunstancias de mucho desconcierto es normal experimentar cambios intensos en nuestras emociones, la llegada inesperada del COVID-19 a nuestras vidas fue una fuente de mucho desconcierto lo cual ocasionó dramáticos cambios en las emociones de algunas personas, por ejemplo, podían muy bien estar en estado de tranquilidad en casa probablemente feliz porque mañana no iría al trabajo y tras escuchar una noticia sobre la llegada del virus a la ciudad en la que vive, comenzar a experimentar miedo el cual se convertiría minutos más adelante en pánico justo en el momento en el que escuchó al vecino estornudar, y recordar que la semana pasada estuvo de viaje por un país cercano y ese lugar a donde su desafortunado vecino visitó por asuntos laborales lo están reportando como el tercer país con más casos positivos de COVID-19, entonces se verá como en menos de 15 minutos pasó de feliz a angustiado por razón del patógeno del cual hasta ese instante casi nadie sabía nada.

Si las emociones no las tratamos a tiempo se intensifican, cuando tenemos angustia o miedo de manera excesiva puede llegar a convertirse en un verdadero problema para nosotros, afectando nuestras relaciones interpersonales esto por tener actitudes nada favorables ni para nosotros mismos, ni para con los demás. Es por este motivo que es de gran importancia, que nos conozcamos a nosotros mismos y logremos entender como nos sentimos además de encargarnos de buscar estrategias prácticas y accesibles que nos ayuden a controlar nuestras emociones, para así no poner en riesgo nuestras relaciones con las personas que nos rodean. En situaciones como la que estamos aun pasando con el COVID-19 es primordial recordar, que es también nuestro deber el velar por el que el aislamiento social no se convierta en distanciamiento de las personas que amamos.

El cerebro humano no está diseñado para vivir en circunstancias prolongadas de incertidumbre y si algo trajo en abundancia el COVID-19 fue exactamente la incertidumbre en todos los niveles, primero por ser una experiencia a la cual la humanidad no se enfrentaba desde ya un siglo atrás, después por tener muy poca data sobre el virus, por no saber si las medidas tomadas por los entes gubernamentales iban a ser las apropiadas y si nuestra familia iba a poder soportar económicamente las medidas tomadas, añada a esto la preocupación de los niños, adolescentes y jóvenes universitarios que no sabían cómo iban a abordar el nuevo sistema de educación, la modalidad a distancia y que resultó ser sobre todo para los de los primeros años de educación primaria y secundaria un tanto divertida, pero luego de pasar más de dos meses en casa y bajo la presión de las actividades comenzaron a presentar también problemas emocionales, entonces los adultos en casa que no sabían ni cómo ayudarse a ellos mismos con el colapso de emociones con la que estaba batallando se veía envuelto en un nuevo desafío.

¿Cómo ayudo a mi hijo que está sufriendo estragos de la pandemia?

¿Cómo lograr controlar las emociones en tiempos de pandemia?

Lo más importante ante toda crisis es el no permitir que las emociones negativas nos controlen es cierto que aún no sabemos con certeza como va a terminar todo lo relacionado con el COVID-19, pero también es cierto que si existe algo que podemos y debemos llegar a controlar son precisamente nuestras propias emociones.

Lo primordial es mantener la calma, solo desde la serenidad podemos luchar por vencer nuestras emociones negativas y salir bien librados de esta experiencia de vida que más allá de los estragos que deje en cada uno de nosotros, es una experiencia.

Para mantener la tranquilidad en torno a sí, es de primordial importancia identificar que situaciones son controlables por ti y que situaciones escapan de tus manos, ejemplo:

Lo que puedo controlar

*Mi actitud

*Mi respeto por el distanciamiento

*Mi respeto por las medidas de Bioseguridad

*El ejercicio físico en casa

*La promoción de actividades familiares

*Lo que hacemos con el tiempo en cuanto a aprendizaje y disfrute de momentos libres con los que viven a nuestro lado y con nosotros mismos.

*El tiempo que invertimos en las redes sociales buscando información que en la mayoría de los casos pudieran ser especulaciones que generan sosiego y angustia.

Lo que no puedo controlar

*El tiempo que tardará el aislamiento o las medidas de distancia social.

*La actitud de los demás.

*El respeto de los demás por el distanciamiento y/o aislamiento

*El respeto de los demás por las medidas de Bioseguridad.

Debemos entonces dejar de preocuparnos por las cosas que no podemos controlar y ocuparnos en centrar nuestra mente racional en aquellas que si podemos, poner mucha atención a las reacciones y acciones que tenemos y redireccionarlas positivamente, crear nuevas rutinas que nos permitan conseguir logros, como sesiones de ejercicios en casa nos ayudará a obtener más confianza en nosotros mismos y controlar más efectivamente nuestras emociones, e influir en nuestra familia que tenemos más cercanas.

Creo firmemente que si en algo nos ha ayudado esta pandemia es a ser menos confiados en no dar las cosas por acertadas, como se ha dicho anteriormente, todos debemos planificar, esto es bueno, esto es sano, pero no debemos obsesionarnos con el mañana, ya que aún no estamos allí, todo lo que tenemos ahora es el presente, el COVID-19 ha ocasionado no solo perdidas de la vida de muchas de las personas que conocemos, porque aunque a algunos el virus no ha tocado ni a la persona ni a su familia si ha afectado a algún conocido, dicho más fácilmente todos conocemos a alguien que ha perdido a una o más personas por motivo del COVID-19; sin embargo, en muchas personas ha dejado estragos emocionales a unos les ha afectado grandemente la economía a otros psicológicamente porque ya sienten pánico por el hecho de tener que volver al trabajo o incluso cada vez que salen a comprar alimentos, a los más jóvenes les afectó emocionalmente porque recordemos que de alguna manera los adolescentes, por nombrar un grupo, sufren más intensamente las emociones, entonces el estar distanciado de sus compañeros de clase, el no saber cuándo finaliza el aislamiento y el salir y estar al pendiente de las medidas de bioseguridad y del distanciamiento es algo que si no tienen ayuda emocional en casa los pudo fácilmente desestabilizar psicológicamente.

Así que de alguna manera la mayoría de las personas hemos sufrido algún cambio después de la aparición de este devastador virus, al cual aún no hemos radicalizado, pero todo va indicando que debemos aprender a vivir con él incluso después de que la mayoría de la humanidad cuente con el sistema de inmunización

¿Cómo ha afectado el COVID-19 a la economía?

Muy probablemente lo único que podemos predecir con certeza, referente a la crisis global generada por el COVID-19 es que no es un tema a resolver a corto plazo, se predice que es probable que pasen meses o años antes de que regresemos a un estado parecido a la normalidad.

La repercusión del COVID-19 en América Latina será significativo a razón de:

+La disminución de las exportaciones

+La pérdida de capital

+El sucumbir temporal del turismo

+ La suspensión temporal de las remesas

Aunque muchos países de América Latina están acostumbrados a choques externos a su sistema económico, con la aparición del COVID-19 y la llegada de la pandemia es la primera vez que ha tenido que enfrentarse a tantos desafíos a la vez.

No es un secreto, que, para numerosos países de Latinoamérica, las remesas son una fuente importante de financiamiento, si la dificultad económica es muy profunda y prolongada y/o causa de desempleo en un país desarrollado, a los inmigrantes les se les complicará el sostener los flujos que envían a sus países de orígenes. Hasta la fecha todo aparenta revelar, que EE. UU. y Europa van a ser afectados negativamente por la pandemia del COVID-19 y estas regiones reúnen un gran número de inmigrantes que provienen de América Latina. Entre los países afectados tenemos a México, Guatemala, República Dominicana, El Salvador, Honduras, Colombia y Venezuela, que ya se encontraba particularmente afectado tiempo antes de la aparición del COVID-19.

La economía de la mayoría de los países latinos ha sido impactada directamente por las medidas de confinamiento, esto se debe a, que en esta región aproximadamente el 50% de la población pertenece laboralmente al sector informal y las restricciones de movilidad y cierre de algunos negocios causa un impacto notable en sus ingresos.

Una de las temáticas políticas en los países de Latinoamérica durante el primer tiempo de pandemia era referente a la duración del confinamiento y la apertura de los sectores económicos, algunos países tales como: México y Brasil dieron más estimación al sostenimiento de las actividades económicas que a la regulación de la pandemia, aún no se establece si esta medida de mantener la producción nacional activa, les trajo más costos, que ingresos con el esparcimiento del virus por la totalidad de sus ciudades y sectores.

Lo que la mayoría de los otros países trataron de hacer fue apoyar y respaldar a las familias y a las empresas para poderlas mantener a flote, de esta manera pudiera existir gastos de producción una vez que gradualmente todos los sectores productivos vayan volviendo a operar con normalidad.

Otro aspecto a prestarle atención es el hecho de que el COVID-19, al igual que otros patógenos de las anteriores pandemias deberá disminuir ya sea por la inmunización de la población o por la utilización de medicamentos, que disminuya sus efectos, por esto tiene mucho sentido, que los gobiernos de los países de Latinoamérica crearán todos los espacios fiscales posibles en corto plazo, con mesura, para garantizar la sostenibilidad macroeconómica luego de la pandemia, es por esto que durante el transcurso de las medidas de distanciamiento los gobiernos se permitieron la flexibilización de algunas reglas con respeto a la balanza fiscal y el endeudamiento.

La pandemia del COVID-19 ha producido un impacto negativo de oferta que se ha propagado a través de restricciones a la demanda, con esto se evidencia que se podría originar una recesión global, especialmente intensa en países de Europa y en EEUU., América Latina no escapa a esta realidad, no obstante, tiene a su favor una serie de ventajas que le ayudarían a que se recupere más rápidamente que otras partes del mundo.

La población es relativamente más joven y los países están menos conectados internacionalmente además de haber tomado medidas de continencia estrictas relativamente rápidas y el hecho de aprender a gestionar choques económicos externos y sanitarios, tomar medidas de protección a las familias, todo esto anteriormente expuesto es lo que hace proveer que muchos países de Latinoamérica pueden tardar menos tiempo en recuperarse si se les compara con lo que se espera en países de Europa y en los EEUU; sin embargo, existe mucha incertidumbre, en lo que al tema se refiere no obstante muchos de los países de América Latina comenzaron a pasar por las etapas del desconfinamiento para los sectores productivos más rápidamente y con las medidas de bioseguridad que amerita el caso por lo que es necesario que ante los tiempos más duros de los últimos años, que probablemente ante la mayor crisis sanitaria y económica podamos mantener la calma, podamos respirar profundamente y valorar las cosas más importantes en la vida, podamos controlar nuestras emociones y ser oxígeno en nuestras vidas y en las vidas de todos los que nos rodean.

LIDIANDO CON MIS DEMONIOS

Sanando heridas

Las heridas emocionales generan un dolor intenso que terminan cristalizando en nuestro interior, la cristalización interna de nuestras emociones condiciona nuestra manera de percibir la realidad, nuestro comportamiento y nuestras decisiones.

Entre las causas más comunes que generan heridas emocionales se encuentran: La humillación, el rechazo, el abandono, la exclusión, la traición, la culpabilización, la indiferencia, la comparación y la incomprensión.

Cuando tenemos estas heridas emocionales, ya seamos niños o adultos, lo que hacemos es generar mecanismos de adaptación y supervivencia.

Para esto se genera dos tipos de respuestas:

Respuesta Implosiva: respuesta de algunas personas que consiste en la sumisión, el autocastigo, en el autorrechazo, viven en continua queja y se resignan fácilmente.

Respuesta Explosiva: respuesta de algunas personas que consiste en el impacto emocional contra otras personas, el tipo de respuesta es de ira y/o rabia, rebeldía, confrontaciones y provocaciones.

Existe una manera muy común con la que tratamos de contrarrestar nuestro dolor interno producto de heridas emocionales.

Y es el victimismo…

Carlos…

Se puede decir que yo fui objeto de muchas heridas cuando era apenas un niño, fui objeto de maltratos verbales por parte de mis padres, ellos me etiquetaban siempre con palabras como: ¡Mentiroso!, ¡Desordenado! ¡Desorganizado! ¡Es que no tienes estilo para nada! ¡Eres un bueno para nada!

No sé por qué me lo decían realmente en qué momento y que podía hacer yo de malo con tan solo 5, 6 o 7 años para que me dijeran de esa manera…

Cuando fui creciendo las cosas se pusieron peor porque no les bastaba con literalmente insultarme, sino que también me comparaban con otros niños y familiares.

- ¿Por qué no eres tan ordenado como tu primo? ¡Viste, el sí hace las cosas bien! ¡Es que te pareces tanto al vecino de mentiroso!

Parece mentira, pero estas son las palabras que se quedan en la memoria, consciente e inconsciente…

Cuando ya en adolescencia me empezaron a gustar ver programas de cocina y me sentía tan feliz, veía recetas, investigaba ingredientes, decidí que quería ser chef, y allí empezó otro bombardeo, mi mamá decía:

- ¡Los cocineros no tienen futuro aquí!

¡Con lo despistado que eres perderás rápido tu trabajo de tanto quemar comida!

Y mi papá me decía

- ¡Ese trabajo es de mujeres!

No recuerdo un alago, tal vez las etiquetas malas borraron las buenas, o quizás de verdad nunca me dijeron nada bueno, esto está confuso en mi mente…

Lo que sí estoy seguro de que nunca recibí un abrazo ni un te quiero, nunca me sentí amado ni aceptado y eso causo tal herida en mí, que no fui capaz de amarme ni de aceptarme a mí mismo por mucho tiempo.

Tuve lo que se llama una respuesta implosiva.

Usado por niños y adultos; como en la historia de Carlos, es una tendencia personal, consciente o inconsciente a responsabilizar a otro por: lo mal que se siente, por sus necesidades insatisfechas, por sus frustraciones, dejar fuera de nosotros la responsabilidad, estamos victimizados.

La victimización es relativamente normal en el comportamiento de niños, debido a que son niños, no se han independizado del todo, no es un adulto independiente y reafirmado.

Cuando somos niños y nos victimizamos, requerimos que nos traten con amor en vez de juzgarnos. Si siendo niños algo me afectaba sentimentalmente y yo no sabía cómo llevar el dolor reaccionando con ira y mis seres queridos, en vez de acoger mi dolor, reaccionan juzgando mi comportamiento, la herida se hace cada vez más mayor, por lo cual no es de extrañarse que continúe con más ira.

Para educar primero hay que conectar, no nos podemos quedar únicamente en el comportamiento, sino que debemos de buscar la manera de comprender para no causar heridas emocionales.

Donde había dolor le tratamos con amor y cuando un niño aprende esto, entonces cuando es adulto se trata bien a sí mismo.

La victimización carece de sentido cuando somos adultos, existen adultos capaces de victimizarse por el comportamiento de sus hijos.

Cuando alguien se victimiza culpa de su sentir a la otra persona, esto es el peor modo de violencia doméstica, con la violencia a los niños les da por ponerse violentos o por ponerse sumisos. Cuando los padres se victimizan frente a sus hijos, están en realidad culpabilizándolos de que ella o él se sientan mal.

Es increíble cómo nos gusta excusarnos de todo lo malo que nos pasa o lo que hacemos, y nos llenamos la boca diciendo…

¡Es que así me criaron!

¡Llevé muchos golpes de pequeño!

¡Mi papá me pegaba, por eso yo hago lo mismo!

Muchas veces se puede decir que tienes verdaderas razones, quizás has sido abusado, has sido víctima de violencia emocional o física, has sufrido una enfermedad crónica y/o dolorosa, no has tenido una familia compresiva, o se aprovecharon de usted.

Pero si quieres vivir plenamente, lo último que puedes hacer es culpar el pasado de tus fracasos o malas actitudes.

¡Es tiempo de permitir que el pasado se vaya y la sanidad llegue a tu vida!, no ganarás nada sintiendo autocompasión. Ya es hora de dejar atrás tu mentalidad de víctima

Nadie ha dicho que la vida sería fácil, de hecho, el mismo Dios dijo "toma tu cruz y sígueme". No te compares con otra persona y no pienses en lo que pudo haber sido. Toma lo que tienes y aprovéchalo al máximo. Puede ser que hayas sufrido mucho, que tengas muchas heridas, pero no permitas que el pasado influya en tu futuro, no puedes hacer nada por lo que pasó, pero sí por lo que pasará.

Deja ir las heridas, y para dejarlas ir debes perdonar a las personas que le hicieron daño y sobre todo perdónate; usted mismo, por los errores cometidos; deja de pensar que eres el único que pasa por esa situación y que la vida es injusta contigo.

Medita sobre tu vida, es cierto que cuando pasamos por una experiencia traumática necesitamos cuidados y cariño, para poder recuperarnos, pero muchas personas no se quieren recuperar para tener toda la atención.

Deja de mencionarlo, a menos que dejes ir lo viejo, no podrá llegar lo nuevo. No puedes seguir triste 10 años después, si de verdad quieres estar sano, tienes que dejar de mirar a atrás y mirar hacia el futuro.

No puedes estar reviviendo la antigua herida, todo sigue en tu pensamiento en el subconsciente y si vuelves a pensar en ello vuelves a sentir la misma emoción tal cual lo viviste en esa oportunidad. Podrás sentir angustia, odio, tristeza, todo sentimiento lo revivirás como si fuera ese mismo momento. ¡Por lo tanto, debes dejarlo ir!

María...

Ya adulta no me sentía realizada, estaba trabajando en una empresa de turismo, y todo me salía mal, o eso pensaba yo, mi sitio de trabajo estaba lleno de papeles sin archivar muchas veces no podía encontrar ni un bolígrafo, cuando dieron un bono extra por orden obviamente no me lo gané, y cuando mis compañeros me preguntaban simplemente les decía

- ¡Yo siempre he sido desorganizada!,

Desde pequeña eso me decía, mi mamá y tenía razón...

Tenía una autoestima tan baja que ya estaba afectando mi vida laboral, social y espiritual.

Escuchaba a mi madre como si estuviera allí parada frente a mí diciéndome...

- ¡Mentirosa! ¡Desordenada! ¡Desorganizada! ¡Es que no tienes estilo para nada!, ¡eres una buena para nada!

Quise comenzar una empresa vinieron los problemas, tomé la decisión de que no iba a repetir eso, en lugar de recordarme de esos malos momentos inmediatamente cambie mis pensamientos a momentos felices que viví a esas mismas edades, momentos en los que me bañé en la lluvia con mis vecinos, cuando la maestra me dio un beso por hacer bien un trabajo, mi graduación de primaria, y allí comencé a sentir nuevas sensaciones, cambié los sentimientos negativos por los sentimientos positivos que me hacían sentir esos recuerdos. Tuve que conscientemente tomar la decisión de que mi mente regresara de momentos dolorosos.

Esto es muy importante: debes tomar la decisión conscientemente, si la decisión no viene de ti es imposible que sanes esas heridas, esas experiencias dolorosas, ya que esos sentimientos frenarán tu progreso.

Nosotros tenemos dos archivos en nuestro cerebro

Archivo positivo

Contiene, nuestras victorias, momentos felices, triunfos, toda clase de emociones positivas y todo eso que nos ha hecho feliz.

Archivo negativo

Contiene, nuestros fracasos, creencias limitantes, palabras dañinas, heridas y todo aquello que nos ha hecho daño, está lleno de dolor.

En nuestra vida debemos decidir cuál de estos dos archivos abriremos, muchos deciden abrir y volver a abrir el "archivo tóxico o negativo", y reviven el dolor a cada momento. Por el contrario, nunca abren el "archivo positivo" por lo que nunca piensan en las cosas buenas que le hayan pasado, dejan enmohecer este archivo tan importante en la vida.

Si quieres ser libre, envía a la papelera el archivo negativo y luego de allí haz clic en eliminación definitiva de archivo.

Si en verdad quieres sanar de tus heridas emocionales, tienes que:

1. Dejar de excusarte.

2. Dejar de sentir autocompasión.

3. Dejar de abrir el archivo negativo.

4. Dejar de culpar a las personas y circunstancias.

Por el contrario, debes:

1. Perdonar a todos los que te hicieron mal.

2. Perdonarte a ti mismo.

3. Empezar de nuevo, siempre.

Muchas veces la vida nos quiere sacar de ese abismo donde nos encontramos, y nosotros damos el paso, pero dudamos y nuevamente caemos en desconfianza, estamos tan arraigados y aferrados al pasado, que no logramos sanarnos, vivimos como niños con falta de afecto y recordándonos de eso que nos pasó hace 10, 20, 30, 40 y hasta 50 años. Nos recordamos de ese abrazo que nunca recibimos, de esas palabras hirientes, de esas creencias limitantes.

Y hay algo que tienes que tener claro si estás mirando hacia atrás no puedes mirar hacia delante y no te das cuenta de las bendiciones que hoy tienes, de esa vida que te queda por vivir y que debe ser plena.

Pasos

1-Reconocer la emoción negativa, y las heridas que tengas

Debes aceptar que tienes un problema que viene de tus heridas. Si huyes del problema jamás podrás abordarlo, así que afronta lo que sientes.

No puedes retener tus emociones porque luego como presa que se rompe el agua hará estragos, así que vive tu luto, llora, grita y di lo que tengas que decir. Si desde el principio escuchas tus emociones, ya estas no tendrán necesidad de hacer daño, por el contrario, se irán debilitando.

2-Revisar si la herida es actual o pasada

Si es algo actual, debes hacer algo inmediatamente para eliminar y resolver ese problema; es decir, debes poner límites y no dejar que siga avanzando la herida.

Si el caso, de una madre que bombardeaba con etiquetas malas y frases que herían y un padre que alejaba de sus sueños con falsas creencias, estuviera ocurriendo ahora mismo, yo muy decididamente les hubiese dicho:

- ¡Deténganse! ¡Eso no es así!...

En ese momento es un niño que no puede defenderse, además como niño cree en sus padres

¿Quién no?

Pero ya adulto no hubiese dejado que esas palabras causaran heridas y que se arraigaran en su interior.

Si la herida es de la infancia también debemos poner límites, no permitir que nadie nos siga hiriendo ni herirnos nosotros mismos recordándolas como ciertas, por ejemplo, si tu jefe te sigue tratando igual que tus padres, tu pareja o tus propios hijos, o quizás tú mismo, te sigues diciendo esas cosas, debes decir:

¡Hasta aquí! ¡No más!

¡Las heridas del pasado se sanan con acciones en el presente!

3-Has de tus heridas un aprendizaje

Pregúntate…

¿Para qué viví eso?

Todo nos deja una enseñanza y este no la excepción de la regla, muchas veces, eso que vivimos nos va a ayudar a algo, nos ha hecho más fuerte.

Las pruebas más difíciles son pasadas por los soldados más fuertes y estoy seguro de que todo tiene un para qué. Tal vez cuando sanes podrás ayudar a muchas personas.

Eres tú él que decide qué hacer con tu experiencia, o te aferras al dolor o lo tomas como un aprendizaje para ser mejor.

4. Entender a las personas que nos dañaron

A veces tenemos que ser empáticos y ponernos un poco a pensar porque esas personas actuaron o actúan de cierta forma, esto no significa que lo justifiquemos, pero si comprender que detrás de un agresor quizás hay un ser que está siendo o fue agredido. Si no comprendemos esto quizás terminemos siendo igual, simplemente por no ver las razones terminamos repitiéndolas.

Ahora, si tratamos de comprender por qué nos hicieron daño muchas veces hasta sin querer se nos hace más fácil perdonarlos y pasar la página.

Juan…

Cuando llegué a adulto e intenté salvar mi vida, una de las cosas que comprendí es que debía perdonar

Pero…

¿Cómo perdonar algo así?

Realmente mis padres me sesgaron mi vida, cercenaron mis capacidades y me hicieron sentir no amado.

Indagué porque lo habían hecho y descubrí algo realmente escalofriante…

Mi padre vivió en un país donde la discriminación era tan grande que cualquier hombre no podía hacer "trabajo considerado de mujer" y viceversa, hasta tal punto que podía ser castigado, él quería ser diseñador y costurero y no lo sabía, sufrió y no quería que yo sufriera. Y mi madre tenía 12 hermanos, vivió sola como en un batallón, con mucha gente, pero a la final sola, siempre perdía sus cosas entre el alboroto, su madre olvidaba a quien había abrazado y obviamente a ella nunca le tocaba, una muestra de cariño. En otras palabras, no conocía otra forma de crianza.

Solo así logré perdonarlos…

Sé ahora que no lo hicieron por mal, también me perdoné por no haberlo comprendido antes y vivir tantos años de resentimiento.

UN POCO DE INSPIRACIÓN

Cuando perdone y me perdone, comencé mi propio camino al éxito, solo necesité un poco de inspiración para comenzar mi vida y el camino a la felicidad.

Muchas veces nos preguntamos qué hacemos en esta vida, cuál es nuestra misión, por qué existimos.

Yo te voy a dar la respuesta, que para mí no fue fácil encontrar.

Nuestra misión es tener una vida extraordinaria y plena, y estamos aquí para ser felices, y saber cuáles son nuestras metas y propósitos es primordial para esto. Esto solo se consigue sanando nuestro mundo interior, cuando alcanzamos esa sanación todo lo mejor de nosotros mismos sale, somos capaces de ser felices y de dar felicidad a los demás.

Tienes que tener claro que nadie te va a indicar cuál es tu sueño o te va a instruir sobre el propósito de tu vida, debe ser tú mismo que encuentres la respuesta dentro de ti, y esa respuesta se consigue desde el autoconocimiento.

Cuando conocemos nuestro propósito en la vida, casi siempre nos damos cuenta de que este tiene que ver con el servicio, y es que sea, lo que sea siempre es bueno ayudar, hacer de este mundo un lugar mejor cada día, inspirar a otros a ser mejores…

Quería cumplir mis sueños y ayudar a otras personas y cuando me di cuenta de que ambas cosas podían agarrarse de la mano y que no eran independiente la una de la otra, fui feliz, así que corrí detrás de mis sueños…

Si sientes que todavía no conoces el propósito de tu vida, es hora de que lo busques, para que realmente te puedas sentir una persona plena y realizada.

Hay libros, que hablan de esto, psicólogos, videos, etc., pero la verdad es que esto lo logras si alcanzas lo mejor de tu mundo interno y este por supuesto se traduce al mundo externo.

Es importante que entiendas que, aunque tengas una guía, este es un trabajo individual, que eres tú que debe salir adelante, eres tú el que debe buscar dentro de ti mismo, para descubrir todo lo bueno que hay en ti y en el fondo encontrar ese propósito.

Todo esto que te estoy hablando no es fácil de encontrar, debes ser tú quien, dentro de ti, busques la respuesta y te descubras; requiere de mucha dedicación y perseverancia; de caídas y de fuerzas para volverte a parar…

Debes amarte, apreciarte, pero sobre todo perdonarte, es un proceso largo y durante ese camino debes disfrutar de ese encuentro contigo mismo, porque en definitiva eres tú la persona más importante para ti.

El autoconocimiento de nosotros mismos, lo logramos teniendo conciencia de nosotros mismos, esto implica pensar en nuestras acciones

¿Qué acciones hago durante el día?

¿Cómo me siento al final del día?

¿En realidad estoy en paz cuando me acuesto?

Nuestros ideales, son muy importantes, estos te dan una idea de lo que quieres y a dónde vas, debes hacerte preguntas como

¿En qué creo?

¿Trabajo en pro de mis creencias?

Este tema hay que profundizarlo, porque son los ideales lo que le dan inspiración a nuestra vida, sin ideales no se puede vivir, y estos no son más que un principio o valor que se puede alcanzar y que nos movemos con base en estos. Prácticamente, nuestro combustible, sin ideales, no hay motivación que nos mueva.

También debemos pensar en nuestras potencialidades, se entiende por potencialidades a las capacidades que tenemos como personas, basándose en ellas sabemos que podemos o no hacer, es una virtud, una fortaleza, vale la pena conocer sus propias potencialidades y así tomar decisiones que nos lleven a desenvolvernos mejor en algunas áreas.

Y por último, muy ligada a los ideales, puesto que de allí se desprenden, está la Motivación.

¿Qué es lo que realmente te motiva en la vida?

¿Qué te impulsa a seguir adelante cada día?

¿Te mueves en cuanto a tus propias motivaciones?, o por el contrario, ¿Actúas dependiendo de lo que los otros esperan de ti?

¿Trabajas en pro de tu desarrollo personal o por compromiso con los demás?

Estas son preguntas que debes hacerte y es una parte esencial para lograr tu propio autoconocimiento.

Cuando descubras que la clave es el servicio desde tu motivación serás feliz.

¿Pero qué es servir?

Estás sirviendo:

- Cuando recoges los platos.

- Cuando arreglas el cuarto o al menos no lo desordenas.

- Cuando das las gracias, aunque estés pagando.

- Cuando brindas una sonrisa.

- Cuando escuchas con atención a las demás personas.

- Cuando ayudas a tu amiga o amigo en problemas.

- Cuando llamas a tus padres.

- Cuando no lanzas basura a la calle.

- Cuando estás atento a las necesidades de las personas a tu alrededor.

El servicio es nuestra misión, y se puede hacer desde la acción más simple y sencilla hasta un gran proyecto de impacto, este debe ser un gran propósito, ser inspiración y luz para otros, y si esto que nos gusta lo podemos hacer en nuestro trabajo sería lo ideal, porque el trabajo sería algo que nos apasiona.

Solo necesitas un poco de inspiración...

¿CUÁNTO CUESTAN TUS SUEÑOS?

Tenemos que poner un precio fijo de lo que queremos lograr en la vida y con base en ello, recién crear un plan para lograrlo.

Así como un juego de niveles donde empiezas con el nivel más fácil y de último el más difícil, así es la vida, siempre tenemos la oportunidad de ir superando y subiendo de nivel hasta alcanzar los sueños. Muchas veces nos sentimos estancados y que no avanzamos de nivel, sentimos que estamos en una rutina, que estamos teniendo los mismos resultados una y otra vez…

Carencias, enfermedades, desamor, sentimientos negativos como rencor, desesperanza, desanimo.

Es allí cuando nos toca decirnos un…

¡Detente!

Y analizar si estamos siguiendo nuestros sueños, o, por el contrario, estamos repitiendo errores que no nos permiten subir de nivel ni avanzar.

Grecia…

Yo nací en plena escasez, para mi familia nada alcanzaba, a veces ni siquiera para medio comer, entonces el patrón mental estaba diseñado para la escasez, estaba tan arraigado y estancado en este estado que así obtuviera un buen trabajo o me ganara la lotería, el dinero no me iba a rendir y por eso era propenso a perder el dinero fácilmente. Todo esto aunado a las creencias limitantes que ya hablamos, no me dejaba crecer.

Parece mentira, pero es muy cierto que la mentalidad de escasez atrae escasez y la mentalidad de riqueza atrae riqueza, al igual que si te amas atraes amor de las personas que están a tu alrededor.

Aquí el problema no es el dinero ni el amor, sino la mentalidad que tengamos sobre ellos.

Entonces nos preguntamos…

¿Cuánto cuestan nuestros sueños?

Nuestros sueños cuestan lo que cuesta cambiar la mentalidad…

Debemos cambiar esas creencias y paradigmas que nos han limitado por años y formar nuevas creencias que generen los cambios que queremos, si vemos que hay creencias que nos limitan debemos ser capaces de reconocerlas y erradicarlas de una vez por todas.

Este proceso de transformación es un camino muy lindo e inspirador, si es que lo vemos desde el punto de vista que es para tu cambio. Es aquí donde tienes que invertir y volver a preguntarte…

¿Cuánto cuestan mis sueños?

Y esos sueños solo se alcanzarán desde la curación interior, el autoconocimiento y la aceptación. Por lo tanto, debes invertir principalmente perseverancia y tiempo para:

- La lectura de libros que te inspiren

- Meditación.

- Reflexión sobre tu vida y autoconocimiento.

- Hacer cosas para ti, aprender a amarte.

Invertir este tiempo implica dejar de hacer otras cosas que antes hacías, como muchas horas de T.V, fiestas, excesivo trabajo (sobretiempo), perder horas en las redes, reuniones con amigos…

No es que estas cosas sean malas, sino que debes ser una persona disciplinada en este proceso inicial, y no hacer nada que te quite el tiempo para tu crecimiento personal.

Si gastas tiempo en cosas de afuera, le quitas tiempo a las cosas de adentro, que es la que en definitiva quieres y necesitas mejorar.

Enfócate, disciplínate y dedica tiempo para crecer, solo así después podrás estar en capacidad de disfrutar verdaderamente el exterior. Te aseguro que cada vez que tomes la decisión correcta en pro de tu crecimiento y cambies una fiesta por una enriquecedora lectura o meditación, iras teniendo confianza en ti mismo, ganaras energía, amor por lo que haces y un verdadero entusiasmo por lograr tus sueños.

Rod…

Inicie hace tiempo este proceso, aún me faltan metas por alcanzar, pero disfruto el camino cada día, y me siento orgulloso de cada paso que doy, he tenido altibajos, muchas veces vienen a mis recuerdos y entran en mi cabeza frases limitantes como…

¡Qué tontería lo que estás haciendo!

¡Esto no sirve de nada!

Pero ¿Sabes qué es lo mejor de todo?

Que ahora soy capaz de reconocer cuando me vienen a la mente esos saboteadores, o, mejor dicho, soy objeto de mi propio saboteo interno e inmediatamente cambio mi mentalidad y regreso al camino correcto.

¡Qué hermoso es amarse y aceptarse, solo así se es capaz de amar y aceptar al resto de las personas!

Después de conocerte y aceptarte, ya estás preparado. Cuando ya sepas tus potencialidades podrás sacarle el brillo y ponerlas a trabajar, igualmente cuando conozcas tus limitaciones podrás transformarla para mejor y hacer como quien dice "de esos limones limonada", debes conocer para que eres bueno, que se te dificulta, pero sobre todo cuáles son tus ideales y allí comienza tu otra inversión…

Ian…

Descubrí que uno de mis sueños y para lo cual era muy bueno era cocinar y deleitar a los otros con mi comida…

¡Servir!

Dar un poco de alegría a las personas al saborear ricos platos hechos de mi propia inspiración.

Así fue como me convertí en un emprendedor, obviamente nada fue color de rosas, no es que dije: ¡Voy a emprender y ya ¡listo!

En este proceso ocurrieron tropiezos, decisiones difíciles, deudas, análisis, de borrar y volver a escribir…

Entonces cuando veía la imagen de lo que quería lograr en mi mente y en el papel donde lo tenía dibujado me decía…

¡Esto es imposible, no puedo hacer esto de la nada! ¡Y si nadie compra! ¡Y si no les gusta!

Si permites que estas ideas de fracaso y escasez ocupen tu mente, te detendrás y pasarán los años y nunca tomarás la decisión definitiva para arrancar, siempre dirás "mañana empiezo" y ese mañana nunca llegará.

Jessica…

Descubrí que si no empezaba, nunca terminaría y que también no iba a tener la oportunidad de saber si esto hubiese sido lo mejor, no iba a fracasar, pero tampoco a triunfar, así que comencé los cimientos de mi gran sueño, y esas bases no eran más que mi propia fe en mí...

De esta manera compré mis primeros utensilios, ollas, sartenes, paletas, cucharas, batidoras y todo aquello que se necesita para cocinar.

Llegué a pensar que estaba loca, pues ¿quién compra primer esto sin comprar los equipos (cocina, horno) y tener el sitio?

Pero para mí era necesario ver algo materializado y esa fue mi forma de verlo y sentir esas ganas de seguir avanzando.

En ingeniería debes saber que mientras más alto es un edificio, más profundo deben ser las bases o cimientos, así es la vida, mientras más altos sean tus sueños y más lejos quieras llegar, más debes cavar dentro de ti, más fibras internas que movilizar.

La vida es una constante construcción y es la mayor obra que harás mientras vivas, así que invierte en materiales de calidad, en cavar en lo profundo, en darte lo mejor de lo mejor e invertir lo mejor en ti.

Tiempo y perseverancia...

¿Disfrutas leer este libro?

Si disfrutas leer este libro y estás encontrando un beneficio en él, me encantaría recibir tu apoyo.

Espero que puedas tomar un momento para dejar una reseña honesta

¡Gracias por tomarte el tiempo!

Tu reseña realmente hace una gran diferencia para mí

MI PLAN GANADOR

Lo primero que se debe hacer para hacer un plan de desarrollo para tu vida es conocer y enmárcalo en el EQUILIBRIO.

Una vida equilibrada es muy importante para alcanzar la felicidad. A qué me refiero con esta palabra, me refiero a que no podemos inclinar la balanza solo a un aspecto de nuestra vida…

No es solo la familia, no solo el trabajo, ni el dinero, ni diversión, ni los amigos…

Nuestra vida es la unión de todo esto, está formada por todos estos aspectos y no podemos inclinar la balanza para solo un lado, ya que correríamos el riesgo de perder nuestra estabilidad, no solo se vive del dinero, ni todo es diversión o la familia, nuestra vida es un equilibrio armonioso de todo esto, y debes crecer como persona en todos los aspectos de la vida.

Lo primero que se debe hacer es tener claro hacia dónde vas, un plan sin metas, no sirve de nada porque no hay camino que seguir, y llegarías a cualquier parte. Por lo tanto, desde el autoconocimiento debes conocer primero que es lo que te motiva, y que quieres alcanzar.

Luego que ya tengas claro esto y debes empezar a escribir ti plan ganador:

1. La prosperidad

Debes pensar en las finanzas, en tener el dinero para vivir esa vida prospera que tú deseas. Muchas veces esto lo vemos como algo malo. Quizás muchos estén pensando...

¿Por qué si este es un libro de desarrollo personal, me hablan como primer paso sobre el dinero?

Esta resistencia se debe que se ha satanizado el concepto de dinero y prosperidad, el mal uso del dinero y a la obsesión por el dinero que nos pueda alejar de lo verdaderamente impórtate; es decir, poner al dinero por encima de todo.

Pero realmente viniste a este mundo para ser próspero y feliz, no para vivir en escasez y calamidades. Así que es importante que en tu plan establezcas maneras de obtener, de manera sana, lo que necesitas para vivir, un trabajo o negocio que te permita vivir dignamente.

2. Entretenimientos

Debes tener en consideración esas cosas que te gustan y te hacen feliz, y colocarás dentro de tu plan, dejar un espacio de tiempo para ellas, tal vez te guste leer, ir a la playa, escribir, comer helados o un buen café con tus amigos, pintar, hacer escultura son tantas las cosas que nos gustan y nos apasionan y que no le dedicamos tiempo. Es primordial un espacio de tiempo para hacer esas cosas.

Recuerda el sano equilibrio.

3. Relaciones sociales

Cultivar amistades, es muy importante para ser feliz, no vinimos al mundo para estar solos, somos seres sociales y nos necesitamos los unos a los otros. Tener amigos llena el alma de cosas bellas, así que no dejes de cultivar amistades.

Muchas veces por el trabajo nos olvidamos incluso de llamarlas y reunirnos con esas amistades y poco a poco se va perdiendo. Uno sé los mayores éxitos en la vida es desarrollar buenas relaciones familiares, amorosas y buenas amistades.

Igualmente, te hace falta tener buenas relaciones y buena comunicación para emprender, para hacer negocios buenos, para llegar a acuerdos que te ayudarán en tu vida laboral.

4. Mantener una buena salud

Debes siempre tener cuerpo y mente sana, el cuerpo es nuestra herramienta para movernos por el mundo, con el cual tenemos fuerza y energía.

Debemos velar por nuestro cuidado teniendo hábitos saludables:

- Buena alimentación.

- Abandono de alcohol, cigarro y otros vicios.

Es nuestra obligación cuidar nuestro cuerpo, tomar abundante agua, comer frutas, caminar, hacer ejercicios, mantener nuestra mente activa.

Una forma de mantenernos sanos es mantener una actitud positiva ante la vida, ser positivos, optimistas, amarnos como somos. Esto disminuye las enfermedades e inclusive es una gran ayuda en pacientes con enfermedades crónicas y/o terminales. Queda demostrado que una buena actitud disminuye el riesgo de enfermedades y personas con cáncer lo han superado gracias a esto.

Tomar agua, alimentarse sano, y olvidar los vicios aunados al positivismo marcará el triunfo de tu plan.

5. La aceptación

Esto se refiere a la aceptación que debemos tener de nosotros mismos y la estima que nos tengamos, si nosotros no logramos amarnos tal y como somos, nadie lo hará, y tampoco tendremos la capacidad de amar a las personas que están a nuestro alrededor. Por ello es importante; y ya lo he mencionado, que nos conozcamos para luego llegar a aceptarnos.

Trabaja en esto y verás cómo lo demás viene por añadidura. Ámate con tus fortalezas y debilidades y trabaja para eliminar lo que te moleste, pero, sobre todo…

¡Ámate!

Eres importante un ser único que merece la felicidad.

6. Tu propósito

Un plan ganador debe tener como resultado proporcionarte una vida cuyo objetivo transcienda más allá de ti mismo, que aporte algo al mundo, por ejemplo, si tu plan consiste en formar una empresa y hacer mucho dinero podríamos pensar

‹‹Que voy a aportar al mundo, que puedo hacer para mejorar o aportar a la comunidad donde vivo››

En otras palabras, que valores estás aportando con tu empresa.

Mel…

Cuando comencé mi emprendimiento en la cocina y pensé en crear un restaurante, mis pensamientos iban y venían en la idea de poder hacer feliz a mucha gente con mi comida. Pensaba en trabajar los fines de semana con un ambiente familiar donde la familia pudiera compartir y encontrara platos para los más pequeños de la casa.

Trabajar los días de semana con platos económicos y planes de pago para trabajadores que fueran a comer en su hora libre.

Y realizar un trabajo social con un número determinado de personas de muy escasos recursos de mi comunidad.

Estaba feliz de poder hacer algo por las personas y eso le daba fuerza y motivación a mi plan.

Pensar cuál es el objetivo que va por encima de ti, qué piensas lograr o estás logrando.

Cuando tienes un propósito y una misión en este mundo, el éxito viene por sí solo, porque siempre la motivación siempre va a estar allí.

-Debes ponerte un tiempo siempre, o, mejor dicho, plazos, para poder cumplir ese plan, si no correrás el riesgo de que se te vaya el tiempo y hasta la vida sin haber alcanzado las metas.

Ese tiempo debe estar dividido en corto, mediano y largo plazo

¿Cuánto dura cada tiempo? ¡Depende de ti!

Cuando me decidí a emprender lo primero que hice fue establecer mis tiempos de cumplimientos de metas.

Me dije a mí mismo...

‹Voy a anotar todo para evaluar mi progreso››

Y fue así como me coloque que a Corto plazo (2-3 meses) compraría, los utensilios y equipos necesarios, tramitaría crédito en el banco y buscaría un local alquilado.

Mediano plazo (3-12 meses) equipar el local, acondicionar, buscar 2 ayudantes, inaugurar el local. Largo Plazo (1 año y medio) estabilizar rentabilidad, equilibrar las entradas y salidas, comenzar el proyecto de ayuda a necesitados de la comunidad. (Comenzar con 3 familias hasta ir aumentando mensual).

Todo esto me permitió apuntar al blanco

¡Hasta que lo logre!

Cuando te estableces metas en plazos para cumplir la meta final, puedes determinar que falta, en que estás fallando, que has logrado y te da la oportunidad de realizar ajustes al plan.

Todo esto depende de lo que tú consideres como éxito, no es igual para todas las personas, este es un concepto subjetivo.

Para mí el éxito era lograr que las personas vinieran a mi restaurant, crearme una fama en este ámbito y que siempre estuviera a mesas llenas, aunado a poder sentir que aportaba algo a la comunidad donde siempre viví.

Estamos hablando aquí de un plan de desarrollo personal que significa crecer como persona, evolucionar, superarte a ti mismo; por lo tanto, no es algo que se obtiene de la noche a la mañana; al contrario, es un camino duro, pero hermoso donde te podrás ver crecer en cada aspecto de tu vida, porque como dije al comenzar, el plan debe buscar el equilibro en tu vida.

Cada paso que das por paso pequeñito que sea importa, es como subir una montaña, todo pequeño detalle importa...

SOY EL REY DEL MUNDO

¿Quién soy?

La respuesta podría ser

¡Soy lo que hago!

Es decir, un artista, un padre, un estudiante, un médico, un zapatero…

¡Soy lo que he logrado!

Soy un buen alumno, un padre abnegado, un excelente artista, un deportista de medalla de oro…

¡Soy mis virtudes o mis defectos!

Un ángel o un diablillo o quizás soy los que las demás personas piensan de mí.

Si somos lo que los demás piensan de nosotros, viviríamos para complacer a todo el mundo siempre.

Si nos define nuestros triunfos, viviríamos obsesionados solo para lograr metas y metas sin ser felices.

Si nos definen nuestras debilidades, viviríamos deprimidos, ya que obviamente tenemos debilidades…

Somos humanos ¿no?

¿Podríamos decir que somos todas estas cosas?

Como nos definimos, determina la manera de como enfrentamos la vida. Simplemente, eres una persona, única e irrepetible, fuiste creado, único, no hay nadie como tú, tienes tus propios sueños, tus fortalezas, tus debilidades, tu forma de reír, de llorar. Tienes sentimientos únicos que te definen como persona. Y lo mejor de todo esto es que eres importante para el mundo, eres pieza fundamental en el planeta, si no existieras la Tierra estuviera menos completa

Le faltaría ese rayito de luz que tú le das…

Entonces, si eres único, siempre debes apuntar para alcanzar tus sueños, porque te lo mereces…

Y lo primero que debes hacer es conocer tu motivación, lo que te motiva, lo que deseas lograr…

¡Trazar tu plan y lograrlo!

Simplemente, porque, y cuando te aceptes con tal, y te amas como lo mereces, podrás amar a los demás y estar en armonía con la naturaleza y el mundo entero

Solo amándote podrás amar a los demás y sentirte como lo que eres…

¡El rey del mundo!

Quién más que yo, parece mentira ahora me consideraba importante sabía que era parte de una solución, de que estaba aportando algo al

mundo, mi inspiración estaba a mil, me sentía útil y no una partícula más en el universo, sabía que podía levantar mis manos al cielo y no sentir vergüenza, había olvidado todo lo que creí que era y era una persona nueva, me dejé moldear en las manos del alfarero...

Y ahora yo era el rey del mundo...

ME GANÉ LA LOTERÍA

La vida está llena de sueños desde que tenemos uso de razón, soñamos con diferentes cosas y acontecimientos que por supuesto no tenemos. Cuando apenas somos niños, un sueño común es poder volar, aparecer un helado de la nada, hacer vivir a su peluche preferido. Cuando somos adolescentes, un sueño común es por ejemplo aparecer en otro sitio mágicamente, quizás en esa fiesta a donde no nos dejaron ir, que parezca tu actor preferido o amor platónico en tu casa…

En fin, soñamos con poder suplir nuestras necesidades básicas. Obviamente, cuando ya llegamos a la adultez, nuestras necesidades básicas se transforman y con ellas nuestros sueños…

Soñamos con ser millonarios,

¿Quién no quiere ser millonario?

"Con el dinero podemos cumplir todos nuestros sueños" ¿verdad?...

Y es que es muy común que a uno le pregunten.

¿Qué pedirías si pudieras tener tres deseos?

Y nuestra respuesta siempre es la misma…

¡Solo gastaría uno, pediría dinero ilimitado y ya con este podría comprar todo lo que necesito para cumplir el resto de mis deseos!

- Viajes por todas partes del mundo, cruceros, buenos restaurantes, un closet lleno de ropa, comer todo lo que nos plazca, asistir a conciertos, piscinas, casas lujosas, vehículos, y pare de contar. Todo esto sin preocuparse de las cuentas

¿Y quién no sueña con eso?

Yo no me he ganado la lotería y ni pienso hacerlo, porque simplemente no juego esas cosas, creo en mi propia inversión, pero te voy a contar una historia…

Te voy a contar la historia de Miguel, un hombre joven quien se hizo millonario y de la noche a la mañana vio cumplidos sus sueños, por lo que logró ser "feliz" …

"Miguel contaba con 23 años, con una vida llena de sueños y un matrimonio en puerta, vivía para ese entonces con sus padres, Martha y Santiago, y sus hermanos menores, Michael y Sofía. Estudiaba ya el último semestre de su carrera de contaduría…

Pero sus sueños iban más allá…

Soñaba con la boda de sus sueños, con irse de viaje con su familia y novia y poder disfrutar de todo sin limitaciones de dinero.

Soñaba con estar en una playa soleada con ellos, comprando diferentes souvenirs, jugar voleibol con sus hermanitos y novia y complacerla con un ramo de flores y una serenata al atardecer.

Soñaba esto porque nunca había podido tener un gesto de este tipo con ella, y menos con sus padres y hermanos, además, aunque ya en sus planes estaba un pronto matrimonio para él, aún se mantenía como un sueño que no estaba tan próximo a cumplirse…

"Como podría yo casarme con Ángeles, si no tengo ni un centavo, como podría darle una casa, y equiparla como merece, si ni siquiera puedo pagar la luna de miel"

Pensaba Miguel…

"Nunca he podido tener un gesto de verdadero amor con ella, una rosa, unos dulces"

Fue así como Miguel, en busca de su anhelado sueño y de las ansias de darle lo mejor a su familia y novia, empezó a trabajar en turno nocturno en una tienda de comida rápida.

Su vida se iba entre la universidad y el trabajo y ya casi no tenía tiempo ni para dormir.

Una noche, al salir del trabajo, observó que había varios indigentes buscando entre la basura y pidiendo comida y otro vendía boletos para la lotería a los vehículos que pasaban.

Miguel sintió compasión y su reacción fue ayudar un poco comprando uno de esos boletos, que era para ganarse un premio millonario.

Esa noche al llegar a casa, Miguel soñaba despierto en lo que haría si se ganaba el premio

Llevar a mis padres de viaje, mis hermanos y la playa, una cena romántica y al fin la boda, Ángeles estará feliz…

Después de esa noche Miguel no volvió a ver el boleto, lo había guardado en un libro y se olvidó por completo de él, realmente no creía en la suerte y tenía razón, porque la suerte no existe, solo existe bendiciones disfrazadas de "suerte".

Lástima que al verlas como suerte y no como bendiciones pronto nos lanzamos al abismo por ser tan desagradecidos.

Quince días después estaban lanzando los números de la lotería y anunciaban un feliz y único ganador, Miguel por no dejar y con cierta apatía, busco el boleto y chequeó uno a uno cada número.

Sus ojos quedaron estupefactos, y sus manos temblaban, hasta el punto que casi rompe el ticket cuando comprobó por décima vez que cada uno de los números de su ticket, estaban en la imagen que había congelado en la televisión.

- ¡Gané, gané, gané…!,

Fueron sus gritos…

- ¡No lo puedo creer!

En eso llegó a la habitación los padres y uno de los hermanos que se encontraba en la casa

— ¿Qué ocurrió hijo?, ¿Qué pasa? — dijo el padre preocupado, pensando que algo malo ocurría.

— ¡Me gané la lotería! — grito Miguel.

— ¡Ganamos! — gritaron todos al unísono mientras se abrazaban.

Al día siguiente, Miguel lo primero que hizo fue llamar a Ángeles para decirle, esta lloró de felicidad, aunque ella no creía que el dinero marcaría la diferencia entre lo muy feliz que iba a ser en su futuro matrimonio, sabía bien que les ayudaría a estar más tranquilos y alejados de preocupaciones que los desviara de vivir a plenitud el amor que se profesaban y el de los hijos que sin duda podrían tener más pronto de lo pensado.

Pasaron 15 días entre papeleos, nervios, firmas aquí y allá, la notaría entre otros trámites...

Y al fin ya Miguel tenía el dinero en su cuenta.

— Hermano, ¿Cuándo nos vamos a la playa? — Preguntó Sofía —, cuando dime, dime, dime...

— Tranquilízate Sofía, hay muchas cosas que hacer primero — contestó secamente Miguel.

— Pero si ya tienes todos los trámites, recuerda que es la última semana de vacaciones, ya pronto volveré a clases y entonces tendremos que esperar hasta el año que viene, por favor di que sí — insistió ella.

— Ya te dije que no Sofía, si hay que esperar se tendrá que esperar, hay cosas muchos más importantes ahora.

Así pasó el tiempo y Miguel no daba muestra de desembolsar ningún centavo, tenía en la cabeza la idea de que luego lo haría y que había mucho que resolver, pero la realidad es que no quería malgastar nada, ni bajar la cuenta del banco, literalmente no se compraba ni un caramelo y cada noche antes de acostarse solo miraba sus cuentas y se sentía orgulloso de lo que tenía, solo mirándola, todo esto se había convertido en una obsesión.

La inclinación obsesiva a acumular riquezas se llama crematomanía. Se llama así porque es realmente una manía que genera un deseo desmedido de guardar dinero y otro tipo de riquezas como oro, plata, piedras preciosas, quien la padece no gasta en nada su deseo obsesivo por guardar y seguir acumulando, lo lleva a ni siquiera disfrutar de ese dinero, sino más bien lo lleva a un sentimiento de soledad, de que siempre le falta algo.

Las relaciones de amistad y familia se ven grandemente afectadas. De hecho, todo lo que no aporte a su ideal de guardar y acumular dinero, es menospreciado y visto como una ofensa a su persona y es así como termina agrediendo emocionalmente a sus seres queridos.

—*Mi amor, ya tenemos muchos años de novios, no crees que deberíamos casarnos y empezar una vida juntos, si antes era por el dinero, ya no tenemos ese problema. —dijo la novia a Miguel llena de sueños.*

La verdad, ya eran muchos años jurándose amor eterno.

—*¿Pero qué clase de propuesta haces?*

No crees, deberíamos pensar primero en amasar una fortuna

¿De qué crees vamos a vivir?, el dinero se acaba, no es eterno.

—*Mi amor no te pongas así, con lo que ganaste fácilmente podríamos comprar una casa y carro, si no quieres gastar mucho que* sea entonces una casa modesta. Incluso podrías arreglar la casa de tus padres y darles las vacaciones que tanto han esperado.

— Siempre ves las cosas color de rosa, lo que se gasta sin reponer, se malgasta y no vuelve.

— Tienes razón mi amor, entonces invirtamos parte en un negocio, una venta de comida o en algo que nos vaya dejando ganancias.

— ¡Ultimadamente, te volviste loca!, sabes cuánto tardaría en ganar dinero de esa manera, y ¿si lo pierdo? Sabes bien que toda inversión es un riesgo, y otra cosa ya me tienes cansado con esa maña tuya de hablar en plural, no es invirtamos, será invierto, porque te recuerdo el dinero lo gane yo…

Ante estas palabras tan duras, Ángeles salió corriendo llorando desconsoladamente, no podía creer que su novio desde casi la adolescencia le hablara de esta manera, siempre habían hablado en plural, como una pareja, incluso hasta cuando reprobaba alguno, un examen, decían: "reprobamos"

Y entonces ahora esto resultaba ser un gran pecado.

No solo Ángeles y Sofía habían tenido esta clase de respuesta de parte de Miguel, sino también su padre cuando se atrevió a sugerirle que se comprara un carro para que llegara más rápido a la universidad y su madre cuando le pidió con mucha vergüenza un frezzer nuevo, ya que el que tenían se estaba dañando y los alimentos no duraban mucho.

— Mamá tienes más de 4 años con ese frezzer medio funcionando, ¿por qué ahora quieres cambiarlo?, podrías ser más ahorrativa y estar con ese hasta que se dañe por completo, luego veremos…

Miguel no era ni rastro de lo que había sido después de haber sido un hijo, hermano y novio ejemplar, amoroso y atento. Se había convertido en todo lo contrario, una persona hiriente, tacaña, egoísta y obsesiva. Y no era que gastaba el dinero en él

¡No!

Tal vez eso hubiese sido menos preocupante, el problema era que no gastaba ni una moneda por miedo a descompletar su fortuna y vivía obsesionado con ver su dinero en cuenta.

Su familia estaba preocupada y su novia muy herida y decepcionada. A donde habían quedado esos sueños de Miguel, a donde fueron a parar esos sueños de brindarle a su familia unos días de felicidad y de por fin casarse y formar un lindo hogar con todas las comodidades.

Miguel estaba tan obsesionado con el dinero que no se daba cuenta el daño que estaba haciendo y los momentos de felicidad que se estaba perdiendo, no supo en qué momento dejó de soñar.

Su hermano un día le dijo…

— *Miguel creo que estás teniendo un serio problema con tu dinero, si sigues así pronto perderás a Ángeles, aparte de todos los momentos que podríamos estar viviendo.*

— *¡Por Dios! Michael, yo no tengo un problema, es perfectamente normal ser ahorrativo, lo que no es normal es la actitud que están teniendo todos ustedes de querer gastar todo sin medida.*

— *No te estoy diciendo eso, solo cómprate una casa, un carro, cásate y dale una vida estable y cómoda a tu novia y no sigas tratando mal a nuestros padres.*

— *Lo haré cuando tenga el doble de lo que tengo ahora y así no se irá disminuyendo la cuenta.*

— *Te estás dando cuenta que, si tienes un problema hermano, recapacita.*

— *Ya te dije que no tengo problemas, y voy a lograr tener el doble, ¡Te lo aseguro!*

Ser excesivamente avaro, nunca estar conforme y resentimientos hacia las demás personas por sentirse incomprendido son características que siempre están presentes en personas que sufren este tipo de manía. En la mayor parte de los casos las personas niegan rotundamente tener algún problema, de hecho, ven el problema en los demás acusándolos de despilfarradores y piensan que ellos son muy inteligentes para ganar dinero y ahorrar.

Miguel había cambiado a horrores, su obsesión no le dejaba disfrutar la vida, se levantaba todas las mañanas y se acostaba en las noches pensando en lo que tenía y la forma de multiplicarlo, prácticamente ya la relación con su familia se había acabado, peleaba todo el tiempo y con su novia peor, ya había dejado de llamarla y verla.

Miguel ya no se interesaba en sus sueños, ni en su vida, solo vivía pensando en acumular y retener un dinero que no gastaría. Realmente ya él estaba notando la diferencia en el comportamiento de su familia, pero como era de esperarse pensaba que él no era el del problema, sino que ellos habían cambiado.

Con el dinero podemos vivir mejor y podemos tener un nivel de vida más confortable, esto siempre que controlemos la ansiedad y obsesión por el mismo, de lo contrario, se puede convertir en una verdadera pesadilla.

Si la ansiedad por el dinero nos controla, llegaremos a perder nuestras vidas, nuestros amigos, y familia…

No veremos el dinero como una herramienta para vivir, sino, por el contrario, vemos la vida como una herramienta para ganar dinero.

Una de esas tantas tardes en las que Miguel caminaba absorto en sus pensamientos, pasó por aquella calle donde compró el ticket ganador

"Qué tal si compro otro ticket", eso sí que sería una buena inversión"

De esta manera, sin darse cuenta, comenzó una pesadilla de la que pronto querría despertar.

Comenzó a comprar cada día ticket de la lotería, con la ilusión de nuevamente hacerse acreedor de tan preciado premio, estaba muy seguro que si había ganado una vez, lo podría volver hacer, y así podría entonces cumplir sus sueños…

Él no se dio cuenta de que su sueño estaba allí ya, que podría hacer todas esas cosas que siempre había querido y que no había hecho por falta de dinero,

Ya tenía el dinero, pero fue más grande sus ganas de retenerlo…

De esta manera, perdió a su familia y a su novia, se apartó de amigos y poco a poco mató sus propios sueños. En otras palabras, amó más al dinero que otra cosa.

Es el amor al dinero la causa de sufrimiento y separación de amigos y familiares, no es el dinero como tal el que causa daño, ya que este es una simple herramienta para suplir las necesidades básicas. Tener una idea distorsionada sobre el dinero contribuye a que existan perjuicios. Realmente no es importante la cantidad de dinero que pueda llegar a tener alguien, lo importante aquí es la actitud que se tiene hacia el dinero y que la persona tenga claro que no es el dinero en sí lo que tiene valor, sino lo que puedes hacer con él.

Si te hago una pregunta que escuché hace algún tiempo en una charla, te podrías hacer una idea: Imagina que estás perdido en el desierto, ya tienes 2 días, tienes mucha sed y no has comido nada. De repente vez entre la arena una paca de billetes de alta denominación y un vaso de agua fresca, pero una nota dice que solo puedes tomar una de las dos cosas.

¿Qué sería lo que tomarías?

¿El dinero o el agua?

Yo definitivamente tomaría el agua, puesto que, si estoy a punto de morir de sed, no sería mucho lo que haría con el dinero, este simplemente se convertiría en un simple papel si no se puede cambiar por cosas o servicios

¿Verdad?

Pasó el tiempo y Miguel continuaba comprando secretamente tickets de lotería y fue así como luego incursionó en otro tipo de juegos de azar, empezó a frecuentar casinos y en menos de un año ya había apostado y perdido toda su fortuna, se había quedado sin dinero, sin novia y sin la confianza de su familia que vieron como era su verdadero yo con dinero.

Para muchas personas el dinero es más importante que la familia y la vida, por eso viven en completa zozobra y desequilibrio.

No son capaces de ser felices con los pequeños momentos, con lo que tienen, no conocen de la felicidad plena que significa compartir un helado, aunque sea pequeño, porque no alcanzó para más, con la persona que más se ama.

Cuando se dio cuenta de que había perdido todo, le quedó un inmenso vacío en el alma, no por el dinero, sino porque ahora se encontraba completamente solo,

Que diferente fuera todo ahora, si todo ese dinero lo hubiese gastado junto a mi familia, y mi novia - reflexionó,

Ya a esta fecha estaría felizmente casado, pero ya es tarde, la perdí y no tengo nada para recomenzar.

Esa misma tarde Miguel reunió a su familia y le pidió perdón, los padres lloraron y atrás los hermanos todos se abrazaron, pues habían recuperado a su hijo.

— *Ya no tengo nada para darles lo que merecen* — dijo Miguel —, *yo solo quería tener más, pero solo lo perdí todo y les robé la oportunidad de ser felices, ¡perdónenme!*

— *¿Y quién te dijo que la felicidad la da el dinero?* — dijo Sophia —, *somos felices cuando estamos todos juntos, cuando te tenemos a nuestro lado, cuando nos sentamos a comer sin que falte alguno de nosotros.*

— *Te queremos a ti hijo* — dijo el padre — *y claro que te perdonamos.*

Miguel poco a poco se está recuperando, tenía de vuelta el amor de su familia, pero le faltaba su novia, así que fue a pedirle perdón, ella con lágrimas en los ojos le dijo estas palabras...

— *Yo no me casaré con el dinero, sino con el hombre... Me casaré contigo y viviremos juntos, creceremos juntos y si tenemos dinero para algún día viajar lo haremos, si no veremos el atardecer desde nuestra ventana, abrazados, y mirando a nuestros futuros hijos crecer...*

Esa es la verdadera felicidad... Te amo.

Respecto a este tema, muchos especialistas en psicología han llegado a la conclusión que el dinero en sí no da felicidad, solo que ayuda a sentirse menos infeliz supliendo otras carencias. Esto quiere decir que el dinero por sí solo no te hará jamás sentirte realizado ni te ayudará a tener una vida plena.

Muchas veces nos preguntamos...

¿Entonces dónde está la verdadera felicidad?

Y es allí donde confundimos los conceptos de felicidad y placer.

Y es uno de los problemas más grande de la humanidad, no saber diferenciar entre estos dos conceptos.

Ciertamente, vivimos bombardeados de malas influencias, como la T.V., las canciones, las redes, que nos hacen ver que solo podemos alcanzar la felicidad con el placer, y nos hacen ver cosas malas como algo "normal", que todo el mundo hace y por eso está bien.

Ejemplo: emborracharse (se piensa en tener mucho dinero para irse de fiesta en fiesta bebiendo hasta caer), gula, lujuria, etc.

Realmente la felicidad es sana, es como un alimento dulce, un bálsamo para el alma, es sentir paz, estar tranquilo, sentir esa energía que te dice que estás haciéndolo bien, es sentir un equilibrio entre cuerpo, mente y alma. En cambio, el placer es un espejismo, un engaño, crees que eres feliz, pero esa felicidad es efímera, ejemplo cuando alguien está bebiendo alcohol, al principio sentirá que está feliz, pero…

¿Cuándo se acaba la botella y se pasa la borrachera que le queda?

La felicidad nunca dejaría al final una reacción deprimente ni te daría remordimiento.

En cambio, el placer casi siempre te produce intranquilidad y arrepentimiento como a Miguel cuando ya hubo gastado todo su dinero.

Para ser felices no solo se requiere de éxito, de prosperidad, ni de dinero, la felicidad proviene del esfuerzo en conseguir algo, de alcanzar una meta poco a poco y disfrutar el camino a ella, del gozo de vivir pequeños momentos, de saborear un helado, de sentir un rayito de sol cuando se tiene frío, de vivir a plenitud y disfrutar de los seres amados...

UNA BOMBA DE EMOCIONES

Joaquín…

Con todo esto que viví, me vi en la necesidad de buscar ayuda, y de leer, había cosas y situaciones en mí poco normales, un día estaba contento y feliz con ánimos de salir adelante; otro día simplemente no podía ni levantarme, entraba en depresión.

Estaba feliz por mi emprendimiento, pero de un segundo para otro algo me decía en mi interior

¡No podrás!

¡Esto no es sostenible!

¡No eres una mujercita!

Descubrí en mis lecturas que simplemente somos una bomba de emociones, que somos espirituales y que nuestra mente tiene una gran retención, sobre todo de las emociones negativas.

Te comparto parte de lo que aprendí porque ahora en el conocimiento está la sanación.

Las emociones son una serie de reacciones orgánicas, que percibimos como respuesta a un incentivo externo, esta reacción permite al individuo acoplarse a una situación específica con respecto a otro individuo, algún objeto o lugar.

Una emoción se caracteriza por ocasionar una modificación del estado de ánimo durante un tiempo relativamente corto, pero, con mayor intensidad que un sentimiento. Por otro lado, los sentimientos son las consecuencias de las emociones, razón por la cual, estos son más duraderas y se pueden expresar.

Las emociones son las responsables de diversas reacciones orgánicas que pueden ser de tipo fisiológico, psicológico o conductual. Significa, que son reacciones que pueden ser innatas en cada persona o pueden estar influenciadas por experiencias o conocimientos previos.

Tipo de Reacciones Que Generan Las Emociones

Según el psicoanálisis se han determinado tres tipos de reacciones emocionales que son:

* Reacción Fisiológica

Es la primera respuesta emocional, se generan de manera involuntaria; involucra a los Sistemas Nervioso Autónomo y Endocrino, genera expresiones faciales, cambios hormonales y cambios en el tono de voz.

*Reacción Psicológica

Hace referencia al modo como se procesa la información; es decir, en cómo se capta lo que ocurre en un preciso instante de manera consciente o inconsciente según las vivencias.

La emoción genera una reacción imprevista que se puede adecuar a lo que nos rodea, forman parte de los procesos cognitivos que realiza el ser humano y que, además, se relaciona con el contexto sociocultural del individuo.

No podemos determinar que conducta va a originar en un individuo una emoción específica, pero la emoción expresa el estado de ánimo de la persona, así como también cuáles son sus necesidades del momento.

* Reacción Conductual

Cualquier emoción que se experimente ocasiona un cambio de ánimo y de conducta esto se evidencia a través de los gestos corporales tales como una sonrisa, un ceñido de cejas, las personas generalmente podemos distinguir las expresiones faciales que acompañan a las emociones del miedo, la tristeza, la alegría y el enojo.

Tipos de Emociones

Está claro que existen muchas emociones diferentes, se clasifican en una disposición que va desde las básicas hasta las propiamente aprendidas en las diferentes etapas y contextos de nuestras vidas.

Primarias o Básicas: Estas son las emociones propias de todos los seres humanos; es decir, aquellas que forman congénitamente parte de su naturaleza, hacen aparición ante la presencia de un estímulo, como la ira, la tristeza, la alegría, el miedo, la sorpresa y la aversión.

Emociones Secundarias: Las emociones secundarias son las que prosiguen a una emoción primaria, como por ejemplo la ansiedad que suele aparecer después de la sorpresa o la vergüenza después del enojo; la culpa, el orgullo y los celos son emociones secundarias.

Emociones Positivas y Emociones Negativas: Es una forma de clasificar a las emociones de acuerdo a los efectos que ocasionan en las conductas de las personas; es decir, si una persona tiene suficiente inteligencia emocional, no va a dejar que el miedo lo controle hasta convertirse en pánico, es sabido que el miedo es una emoción sana porque nos advierte del peligro, pero si no se le controla y se convierte en pánico entonces se genera una emoción negativa y acarrea muchos problemas.

Conocí a una señora que de niña fue atacada por un perro, resulta que en el lugar donde nació y creció las personas tenían perros no con el concepto de miembro de la familia o de mascota, sino más bien como guardianes a los cuales en la casi totalidad de las casas los tenían encadenados en el día y los soltaban en las noches. El perro que mordió a esta señora le tenían en cadenas bajo los rayos inclementes del sol, y apenas con un poco de agua para que no muriera de deshidratación. El punto es, que este perro no recibía un buen trato y un perro de una raza poderosa tratado con crueldad se vuelve un tanto peligroso

Esta señora de niña entraba mucho al terreno donde el perro se encontraba encadenado, porque en una parte del mismo vivía su tía y debía llevarle cualquier encomienda de su padre,

Ella ya temía al perro porque ladraba ferozmente cuando la veía llegar…

Y un día en el que debía llevar una encomienda a su tía, el perro logró romper las cadenas que lo ataban, y se abalanzó sobre ella…

Le propició un mordisco que la llevó a cirugía.

Su recuperación fue algo lenta y dolorosa.

Cuando un evento de esta índole nos ocurre, tenemos dos opciones

Una es superar gradualmente lo que nos aconteció hasta lograr sanar íntegramente, no solo el cuerpo, sino la mente y el corazón. Para eso necesitamos mucha ayuda emocional de las personas que nos aman y mucho conocimiento sobre quienes somos; es decir, conocerte, aceptarte, valorarte y amarte.

La otra opción a la cual tenemos acceso cuando ocurre una eventualidad así, es huir a panicolandia, y sumergirse cada día más en este lugar, para esto es necesario negar quienes somos, reprocharnos una y otra vez lo que sucedió, no buscar ayuda, no recibir ayuda o recibir ayuda inapropiada de las personas que tenemos alrededor.

En el caso de la niña de la que te estoy relatando, sus padres trataron de hacerle perder el miedo enfrentándola a él; es decir, la obligaban a desafiar las circunstancias pasando por lugares donde había perros guardianes entre otras circunstancias que agravaban más la condición de esta niña, la cual creció creyendo que todos los perros eran malos, y en su juventud sufrió mucho, ya que al ir a la casa de sus amigas o amigos a cualquier actividad de la colegiatura o universidad y estos tenían perros de mascotas, entraba en pánico, paralizándose completamente,

La historia tiene un final feliz, ya que en su adultez mayor por cosas de la vida comprendió que no todos los perros son agresivos y que aun los agresivos no son malos, solo son peligrosos si sus dueños los maltratan hasta el punto de desequilibrarlos, ahora ella trabaja en pro de defender a los animales especialmente a los perros del maltrato que algunas personas les ocasionan.

La historia hubiera sido completamente distinta desde el principio, si esta señora de niña se le fuera brindado apoyo emocional, si sus padres no fueran tomando decisiones tan desacertadas, su miedo a los perros no hubiera dejado de ser un miedo normal, un miedo que te causa protección, jamás hubiera migrado a pánico que le costó décadas de intranquilidad.

La inteligencia emocional

Todas las especies animales sin excepción poseen inteligencia, adecuada a las características de su especie, esto ha permitido que naturalmente las especies no lleguen a extinguirse, cuando digo naturalmente me refiero a que las especies que han estado en peligro de extinción han sido por responsabilidad de nosotros los seres humanos, ahora bien no es lo mismo la inteligencia que posee un lobo el cual debe buscar alimento, refugio y migrar continuamente para proteger de la manada, que la inteligencia que posee un animal más pequeño, como una suricata, las cuales están generalmente refugiadas y una de ellas tendrá la importante misión de vigilar el entorno para avisar que se aproxima algún depredador o cualquier otro peligro.

El ser humano no es la excepción cuando de inteligencia hablamos, y muy a diferencia de lo que alguna vez pensamos referente a que existían personas más inteligentes que otras, todos y cada uno de nosotros poseemos capacidades solo que no todos somos capaces de lo mismo, y cada uno aprende a su ritmo, y manera la cual está establecida por como estimularon su inteligencia en sus primeros años.

Ser una persona inteligente es ser una persona consciente de que tenemos capacidad de aprender todos los días de nuestra vida, de adecuar ese aprendizaje a nosotros y de ser capaces de adaptarse al conocimiento adquirido, la infancia es la etapa de aprendizaje por excelencia; no obstante, el ser humano puede aprender todos los días, incluso hasta el último día en el que viva. Ahora bien, la inteligencia emocional sí que es muy crucial en nuestra infancia, esto debido a que en nuestros primeros años de vida somos emocionalmente dependientes, de hecho, está comprobado que desde el vientre de nuestra mamá aprendemos las emociones básicas, este proceso es a través de lo que siente nuestra madre.

La Programación Neurolingüística estudia el lenguaje del pensamiento, esta rama de la psicología explica como nuestra mente inconsciente está programada y que estos programas se instalan a lo largo de toda nuestras vidas incluso en nuestros primeros días de concebidos cuando estamos en el vientre de nuestra mamá de ella aprendemos como es el sentir de las diferentes emociones, es por esto que padecemos de algunas condiciones que no sabemos explicar, que no tenemos idea de porque somos así, se explica por el hecho de todo lo que hemos aprendido con nuestra mente inconsciente, ejemplo las emociones, si mamá en nuestro embarazo no cuidó ni estuvo atenta de sus emociones y pasaba de estar feliz a estar triste por sentirse sola todo esto en menos de diez minutos, cuando nacemos y nos volvemos grandes podemos pasar de estar muy feliz a estar triste en un segundo o podríamos estar tristes siempre que estemos solos, todo esto explicado por hecho de que aprendimos el estado emocional de mamá y en qué momento sentirlo inconscientemente, retuvimos esta información en nuestra mente inconsciente, el inconsciente es la parte de la mente donde está guardada toda la información a la cual nuestra mente consciente no tiene acceso; es decir, no podemos saber qué información esta retenida en esa área específica de nuestra mente, pero influye en nuestro comportamiento, actitudes y modo de ser.

Cuando aprendemos a conocernos bien a nosotros mismos; es decir, cuando reconocemos que circunstancias detonan en nosotros una actitud positiva o negativa. Cuando podemos identificar las causas es más fácil lidiar con las emociones negativas, así si reconocemos que situaciones como las que alguien en el trabajo se levante de comer y nos deje solos nos enoja en demasía, podemos reconocer ante nosotros mismos que esto nos molesta, luego buscar una respuesta a nuestra actitud, como por ejemplo, quizás en nuestra infancia todos comían más rápido que yo y se levantaban de la mesa dejándome solo, lo que me causaba un sentimiento de rechazo no lo pude canalizar porque era solo un niño y mis padres o quienes podían ayudarme a no reprimir ese sentimiento, sino más bien a sanarlo, explicándome que no me dejan solo porque no me quieren, sino que tienen urgencia de algo y que de ahora en adelante tratarán de esperarme la mayor parte del tiempo, si todo esto hubiera sido así, de adulto no me enojara que me dejaran solo mientras como, pero ahora como adulto responsable de mi vida y del control de mi estado emocional, no debo culpabilizar a nadie de lo que siento, sino más bien hacerme cargo de ello para no continuar lastimándome y para no causar daño a los que tengo a mi alrededor, sobre todo si son personas que emocionalmente tenemos a cargo (hijos, sobrinos, nietos). Debemos aprender a controlar esta emoción negativa, una vez que ya conocemos lo que nos enoja y sus posibles causas del porqué nos hace enojar, debemos buscar la solución, para que esa circunstancia ya no nos enoje más.

Emociones Destructivas

Decimos, que una emoción es destructiva, cuando afecta negativamente nuestra relación con nosotros mismos o con los que nos rodean.

Día a día tenemos acciones sin ser muy conscientes de ellas, estas acciones o pensamientos se refieren a la respuesta de alguna emoción, por ejemplo, decir algo ofensivo a alguien que nos tropieza por tan solo citar un ejemplo, ahora bien, estas acciones podrían ser fáciles de controlar si nos tomamos las cosas con calma, si no dejamos que nuestras emociones lleven el control.

Muchas veces terminamos siendo víctimas de nuestras propias palabras y luego que pensamos con la mente en frío, nos damos cuenta de que no debimos decir determinada frase, o no debimos enojarnos por aquella tontería, pero es que no nos explicamos por qué lo hicimos o de donde vino esa acción.

Todo esto que pasa con nuestros impulsos sin casi darnos cuenta por lo general proviene de nuestra mente inconsciente, como te expliqué anteriormente nuestra mente siempre está aprendiendo ya sea en estado consciente o con nuestra parte inconsciente y en nuestros primeros años de vida aprendemos mucho con nuestra parte inconsciente y hoy esa mente inconsciente te quiere controlar.

Tus emociones serán un instrumento con el cual tu inconsciente querrá manejarte a su antojo, dice el autor de un libro muy afamado de la Programación Neurolingüística "La Venganza del Inconsciente" que el inconsciente desea tener bajo control todo lo que nos pasa y que no logramos entender.

¿Cómo logramos entonces que nuestras emociones no nos controlen?

Lo elemental para impedir ser controlado por nuestras emociones es el autoconocimiento, esto significa aprender a reconocer que circunstancias de la vida, ante qué episodios me enojo con mayor intensidad o si algún evento, me causa tristeza sin saber explicarme el porqué es así.

Existen miles de malestares emocionales que venimos arrastrando y que son consecuencias de patrones psicológicos aprendidos incluso antes de nacer, ellos son causantes de todo lo que nos afecta en los días de nuestra adultez, a veces nos topamos con personas que siempre van muy de prisa, y no importa la hora que sea, ellos a veces ni siquiera son conscientes de la hora, pero están muy convencidos que van muy tarde. Esto se explica por muchos fenómenos que atravesó en algún momento su mente inconsciente desde el hecho de que sus padres deseaban que naciera lo más pronto posible hasta la posibilidad de haber sufrido en su infancia mucho porque le etiquetaban de lento, y ahora en los años en los que ya es un individuo independiente tiene que arrastrar con esta situación sin tener la menor idea de porque él es así.

Lo importante no es el saber porque somos de una determinada manera, sino reconocer que se padece de una condición que no es saludable, como siempre andar corriendo o entristecerse si se le deja solo, entre miles de anomalías.

Al reconocer lo que tenemos y determinar en qué momentos nos ocurre, estaremos cerca de dominar las consecuencias de nuestro inconsciente; es decir, las reacciones súbitas de nuestras emociones. Solo así evitaremos daños colaterales que van desde estar en conflicto con nosotros mismos y con las personas que nos aman hasta entrar en discusión con los que nos rodean.

Cuando logremos dominar las reacciones negativas como respuestas a una emoción, lograremos además evitar que las personas que tenemos a cargo como nuestros hijos, sobrinos o nietos tomen de nosotros un aspecto negativo que inconscientemente también arrastrarán y controlarán sus vidas. Por eso eres tú quien debe terminar con este terrible mal con el que te toco batallar.

Dominando Mis Emociones

Ya sabemos, que las emociones que sentimos no son al cien por ciento nuestra responsabilidad, e inclusive sabemos que muchas reacciones que tenemos no son del todo responsabilidad de nuestra mente consiente; es decir, en determinadas circunstancias actuamos bajo la respuesta de un impulso inconsciente o involuntario, pero también sabemos que somos responsables de lo que hacemos con nuestras emociones o mejor dicho somos responsables de lo que dejamos que nuestras emociones hagan con nosotros, debemos tomar el control de nuestras emociones o ellas tomarán el control de nuestras acciones y nos van a perjudicar, lastimándonos a nosotros mismos y a todos nuestros seres queridos.

Así que toma el control, tú puedes y debes hacerlo.

Entonces:

1. Obsérvate

Observa los momentos en los que pierdes el control, esto te ocurre...

¿Ante todas las emociones básicas?

¿Es solo al sentir enojo o furia?

¿Es solo ante la tristeza?

Obviamente que nos ocurra un evento inesperado y negativo como la muerte de un familiar o amigo nos debe impulsar a llorar, ya sea en público o cuando nos encontremos solos, anormal sería no experimentar está emoción, pero no es normal en un adulto ponerse a llorar y a cantar en público si le acontece algo como haber reprobado un examen en algún curso o incluso en la universidad o llorar del pánico ante la presencia de un insecto o un animal doméstico como un perro o gato, si esto te pasa debes trabajar más en ti.

Debes tratar de encontrar la causa de tu desequilibrio

Y si no la logras encontrar, al menos debes reconocer que esto no es sano, que necesitas cambiar ese aspecto de tu vida para poder ser feliz y dar felicidad.

2. Ámate

No te recrimines tu defecto, ya sabes que eres así por una razón, aunque no sepas por cuál, no te recrimines ni te maltrates, pero tampoco te justifiques, tú puedes y debes cambiar y con la ayuda apropiada lo vas a lograr.

3. Domínate

Cuando ya conozcas que es lo que detona en ti la reacción negativa a tu emoción, piensa y domínate, ejemplo: A ti te da enojo que alguien en el comedor de tu trabajo o universidad o en cualquier lugar donde te toque comer con un grupo de personas, se levante de la mesa sin que todos hayan finalizado, ya sea porque tu papá te regañaba si te parabas antes de que él terminara, o al contrario te entristecías porque te dejaban solo

Piensa…

Esas personas que hoy están contigo no tienen ni la menor idea de que te hacen daño levantándose antes de que tú termines, y también tienen problemas, los vas a juzgar porque deben pararse a seguir trabajando, o a llamar a sus hijos o deban ir corriendo al baño apenas comen, o mil razones que como tú podrían tener, no están ellos saber lo que a ti te ocurre, a no ser que tú le cuentes que te molesta que se paren si no terminaron todos, lo cual no es recomendable si no son amigos en primer lugar.

Ahora bien, debes convencerte de que no te están dejando solo a propósito, debes adoptar una actitud empática y ponerte en su lugar, solo así los comprenderás y la tristeza o el enojo desaparecerán.

4. Busca Ayuda

Encontrar las situaciones en las cuales sientes que en algún momento has perdido el control con una determinada emoción, es algo en apariencia, sencillo, pero no siempre es así, y aunque lo fuera no siempre es fácil dominarte, cuando sientas que escapa de tus manos, que no llegarás a ser capaz de dominarte, busca ayuda emocional en un buen psicólogo, actualmente existen muchos expertos en la Programación Neurolingüística, y en ayuda emocional, además de ayuda profesional necesitas ayuda de un amigo que te escuche e inclusive necesitas de algún familiar.

En fin, necesitas sentirte comprendido, amado y aceptado, pero lo más importante debes aprender a escucharte y amarte a ti mismo.

5. Vive

Ahora que ya sabes que eres suficientemente capaz de dominar tus emociones y los impulsos que estas ocasionan en algunas personas, es momento de que te relajes y comiences a vivir.

El pasado no tiene el control absoluto de tu vida, el presente sí lo tiene porque determina el mañana, así que enfócate en vivir en plenitud el hoy, disfruta de la compañía de tu familia, respira profundo ante cada situación que amenace con robarte la tranquilidad. Nacimos para ser felices y si no puedes serlo es porque existe un desequilibrio en tu estilo de vida, si es emocional, tú lo puedes reparar, y como ya te dije tienes el deber de hacerlo.

Es bien sabido que el enojo conlleva a una reacción un tanto difícil de dominar, pero como sucede con todas las emociones, si no lo controlamos, él nos va a controlar a nosotros y tendremos terribles consecuencias.

El enojo es una respuesta instintiva que tenemos los seres humanos y que básicamente ocurre como mecanismo de protección o defensa ante ciertas amenazas, puede variar desde una irritación breve hasta un acto violento, si le permitimos salirse de nuestro control, va a ocasionarnos: grandes problemas sociales y además posibles trastornos en nuestra salud.

Cuando dejamos que el enojo aumente hasta el grado de convertirse en ira, en nuestro organismo ocurren las siguientes anomalías:

+ Aumenta la presión en la sangre (Presión Sanguínea), esto puede traer consecuencias a corto o mediano plazo y a largo plazo origina deterioro de las arterias.

+ Elevación del ritmo cardiaco, lo cual produce al instante taquicardia

+ Se incrementa la producción de sustancias químicas, ejemplo la adrenalina, esto significa el equilibrio natural del cuerpo se ve afectado.

+ Se padece de contracturas, dolor en la musculatura y trastornos como jaquecas y migrañas.

+ El sistema respiratorio aumenta, lo que origina que el corazón bombee con más intensidad.

+ El riesgo de padecer enfermedades como gastritis, colitis y dermatitis aumenta.

+ Tómate un tiempo antes de responder. Significa, piensa primero y responde después, alguna vez alguien dijo: **"Nunca decidas algo cuando estés muy feliz o muy enojado".**

Si lo consideras conveniente, retírate del lugar, toma aire, recupera la tranquilidad y con mente fría vuelve a enfrentar la situación.

+ Relájate: Realizando técnicas de respiración consciente y profunda, para relajarte conviene repetirte frases positivas, eso te ayudará a cambiar tu actitud frente al problema.

+ Realiza algún deporte: Realizar alguna actividad deportiva libera las endorfinas

+ Utiliza el sentido del humor para que baje en ti la tensión: Muchas personas creen que quien chistea con sus problemas es una persona poco seria que mira con superficialidad los problemas, pero en realidad esta técnica permite mirar con naturalidad lo que está ocurriendo.

+ Piensa en lo que te hace enojar: Así como te menciones en la forma general de dominar las emociones, el aspecto de analizar qué circunstancias te enojan te ayudará muchísimo, ya que te deja en un escenario en el que sabrás que esperar y así es más sencillo el autocontrol.

+ Aprende a perdonar: Debemos aprender a ser tolerantes con los demás, aceptando que no todos piensan y actúan igual, la empatía y la voluntad que tengas de entender a las otras personas te ayudarán a saber el porqué.

EL TIMÓN DE MI VIDA

Todos queremos vivir a plenitud, pero eso lo haremos solo cuando tomemos el control de nuestra propia vida, no podemos pensar en vivir a plenitud si otras personas, situaciones o emociones manejan nuestra vida a su antojo.

Aquí te doy unos pequeños consejos.

1. Establece límites: Muchas veces es difícil poner límites, pero más que necesarios, debes aprender a decir que "NO" en muchas situaciones, muchas veces en nombre de la amistad nos exigen demasiado, nos llenamos de compromisos que al final no podemos cumplir, o nos hacen daño.

Tú debes decidir cuáles compromisos asumes y cuáles no, a quien le prestas o no dinero.

2. Debes diseñar tu propia vida: Crea tu propia vida y decide qué camino tomar, la vida definitivamente es tuya y solo tienes una, cada quien vive su vida y es justo que te dejen vivir la tuya.

Así que eres tú quien debe tomar su propio camino. Tomar las riendas de tu destino.

Carlos…

Cuando en la adolescencia mis padres se burlaban de mi afición por la cocina, mi padre me obligo a comenzar la carrera de abogacía, pues quería un abogado en la familia. No se podrán imaginar lo infeliz que fui, no era mi vida era como estar viviendo en la vida de ellos y no era justo.

Fue cuando le di un PARE a la situación, tome el mando de mi vida y comencé a ser lo que quería por encima de los malos augurios, que me decían que no lo iba a lograr.

Todo comienza con tu mente y la forma como quieras ver la vida y te visualices a ti mismo.

3. Cambia todas tus heridas del pasado por aprendizajes: Ya lo vimos anteriormente todo lo que nos pasó debemos transformarlo en aprendizajes, no podemos toda la vida ser las víctimas debemos levantarnos y usar cada fracaso como escalón para subir.

4. Vive al máximo: Vive cada minuto, disfruta cada instante de tu vida, cada respiro, cada sorbo de agua.

Si quieres gritar grita, si quieres bailar baila, disfruta es tu vida permítete estar alegre y también llorar con una película, sin miedo al qué dirán…

¡Es tu vida, vívela!

Disfruta con tu familia, con tus seres amados.

No tengas miedo de decir ¡Te amo! ¡Te necesito!

DESPERTANDO AL LOBO

Los humanos como los lobos somos seres sociales, necesitamos permanecer organizados en grupos y siguiendo pautas o reglas de convivencia para poder vivir y prosperar, con el pasar del tiempo los seres humanos olvidamos mucho de lo que naturalmente Dios puso en nosotros, tal como el bienestar que tenemos al estar con nuestra familia o amigos, lo que para los lobos es una manada, aunque algunos de nosotros parece haber olvidado el hecho de que naturalmente necesitamos vivir en sociedad, internamente lo sabemos, porque de alguna manera aunque seamos el ser más apático y antisocial de la tierra debemos reconocer que absolutamente solos no podemos hacer todo lo que necesitamos para sobrevivir.

De los lobos podemos reaprender lo importante que es la comunicación

Para los lobos los aullidos no significan solo hacer ruido, sus aullidos son una prueba fiel de sus habilidades para comunicarse, aunque parezca increíble, cada lobo aúlla diferente y el modo de aullar es diferente dependiendo de lo que quieran comunicar.

Mantener un sano equilibrio entre el trabajo y la diversión

Los lobos al igual que la gran mayoría de las especies animales trabajan para ganar su alimento, en su caso su trabajo consiste en viajar para poder encontrar protección y alimento, pueden llegar a recorrer 50 kilómetros al día, en el camino deben luchar por la supervivencia de la manada, ya que atraviesan por grandes peligros, pero esto no les impide detenerse a jugar por pequeños espacios, esto es parte importante para el desarrollo de los cachorros y para la sana convivencia, ya que por este proceso crean fuertes vínculos entre ellos.

La importancia del trabajo en equipo:

Para un lobo siempre estará claro el concepto del trabajo en equipo, ellos se dividen las responsabilidades y comprenden que el éxito de sus objetivos depende del trabajo en equipo, en su ADN está escrito que el trabajo en manada les permite obtener mejores resultados.

Existen pocos lobos que han desafiado a sus manadas y han sido expulsados de ella, este es el que denominamos "Lobo Solitario" y son extraños en la naturaleza, para él es practicante imposible cazar y termina haciendo un gran esfuerzo físico que finalmente le ocasionaría la muerte.

Perseverancia en lo que pueden cambiar y aceptación en lo que no se puede cambiar

La vida de la manada de lobos no es una vida fácil, cada día la meta es sobrevivir, en las cacerías fallan con más frecuencia de lo que tienen éxito, de hecho, está comprobado que las probabilidades de tener éxito en las cacerías son menores al 14%, está entre un 3% y un 14%, pero nunca veremos a una manada de lobos rindiéndose.

No veremos a un lobo culpabilizando a otro de su fracaso, ellos simplemente aprenden de los errores, no se rinden y progresan. Los lobos son los mejores maestros en cuanto a perseverar y a aprender de los errores propios y de los de sus semejantes.

¡Despierta el lobo que hay en ti!

MEJOR QUE NUNCA

Si bien es cierto que no podemos tener bajo control todas las circunstancias que viviremos cada día, también es verdad que una vez que logremos trabajar emocionalmente nuestras vidas, podremos controlar como reaccionamos a lo que nos ocurre, nuestro estado de ánimo es el principal responsable de cómo nos va en el día; es decir, como nos sentimos anímicamente influye en nuestras decisiones y por ende en mucho de lo que nos ocurre y obviamente en nuestra relación con los demás.

Para cambiar un estado emocional negativo como la tristeza (la cual no es conveniente eliminar, solo es sano impedir que nos controle), es necesario descubrir que es lo que te ocasiona ese estado emocional, cuál es el origen de la tristeza, luego de que tienes identificada las causas te resultará más sencillo encontrar una solución. Siempre será necesario pensar en que solo nosotros tenemos el control de lo que decidimos hacer con nuestras emociones, de que solo nosotros podemos determinar si nos quedamos o no todo el día llorando, ahora bien, es cierto que no solo con nuestro pensamiento lograríamos cambiar nuestro estado de ánimo aunque nos lo propusiéramos intensamente, pero obviamente con pensamientos positivos y una disciplina de hábitos estructurados que nos formen una nueva rutina más la ayuda adecuada, lograremos influir en nuestro estado anímico si comenzamos a utilizar pautas centradas y modificamos nuestros hábitos añadiendo rutinas nuevas a nuestros días.

A continuación, te listaré una serie de recomendaciones que te ayudarán a permanecer con un estado emocional positivo en el día.

1) Buen Humor:

Busca actividades que relaciones con el buen humor como el dedicar algunos ratos del día a ver en la televisión alguna comedia o leer chistes sanos y divertidos, hablar un rato escuchando a algún amigo que siempre te haga reír.

2) Aceptar lo que te entristece:

La tristeza tiene una función específica que es muy importante, nos ayuda a entender cuáles son nuestras necesidades y refleja que acontecimiento nos hizo sentirnos así de mal, así que sabiendo lo que nos causó tristeza podemos estar alerta de no permitir nos ocurra de nuevo, aceptar, perdonar y dejar ir.

3) Muévete más:

No se trata de ejercitarse en gimnasio, sino en actividades sencillas como salir a caminar o hacer cualquier actividad recreativa en exteriores, se trata de no estancarte en una situación.

4) Enfócate en cosas positivas:

El cerebro humano busca siempre tener coherencia con nuestro estado emocional, así si estamos felices veremos todo a nuestro alrededor muy positivamente, pero si estamos tristes solo lograremos ver todo lo triste de la vida, aunque sea algún evento que tenga 90% de posibilidades de salir bien, nosotros nos enfocaremos en el 10% de que salga mal, debemos ejercitar la mente en buscar cosas positivas, en recordar cosas buenas que nos ocurrieron y centrar nuestros pensamientos en eso.

5) Vivir en el presente:

La tristeza y la ansiedad son dos estados emocionales que van muy de la mano, los seres humanos solemos vivir en el futuro, nos angustiamos pensando en todo lo que pudiera ocurrir. Si nos encontramos con un estado emocional triste y pensamos en el futuro, la ansiedad en nosotros se va a elevar, debemos vivir en el ahora para no dar más pie a nuestra mente a imaginar escenarios negativos y 0.05% posibles.

6) Dedicar tiempo al ocio:

Las actividades de ocio son tan importantes como cualquier otra actividad, solo trata de que no siempre las hagas solo, ya que la compañía es una buena terapia emocional.

Hay días difíciles, en el que solo querrás abandonarlo todo, y no te culpo tendrás razones justificadas, la vida no es fácil.

En esos momentos quizás pienses que no hay futuro y no te quedan esperanzas, pensarás que todo es imposible, que cada paso que das no va a ningún lado, que tus metas son inalcanzables.

Situaciones donde sientes que todo se puso al revés, que nada te sale bien y todos están contra ti…

Ese es el momento tienes que perseverar y perseverar, es decir…

Si quiero y puedo.

Perseverar es tener esperanza, es sonreír a la vida, aunque todo este mal, gritar a los cuatro vientos que todo estará bien, que tú puedes, que eres capaz de ser feliz en las situaciones difíciles y en las situaciones buenas.

En las situaciones de angustia y tristeza porque tienes fe que todo mejorará y será un aprendizaje y en las buenas porque eres capaz de agradecer.

Persevera, confía en ti, en la capacidad que tienes de crecer y de lograr lo que te propongas.

Deja atrás el miedo a ser feliz, el temor a la libertad, atrévete y sal de la zona oscura donde te metieron en el pasado y donde te sigues metiendo tú mismo en el presente, dónde parece que nunca saldrá la luz, donde no creces…

Sé tú mismo(a), no tengas miedo, no temas a las críticas, acéptate tal como eres, toma tus decisiones y vive…

¿Disfrutaste este libro?

Si disfrutaste leer este libro y encontraste un beneficio en él, me encantaría recibir tu apoyo.

¿Cómo dejar una reseña?

- Visita la página de libros en KDP
- Desplácese hacia abajo hasta la sección de reseñas de clientes.
- Haga clic en escribir una opinión de cliente

O puedes seguir cualquiera de estos enlaces

Versión Kindle
http://www.amazon.com/review/create-review?&asin=B099MRD5PH

Versión Tapa Blanda
http://www.amazon.com/review/create-review?&asin=B099BZQSDH

También puedes contactarme para cualquier pregunta, compartir tus pensamientos y sentimientos sobre el libro o para suscribirte a material inédito en:

www.mrbrianalba.com
mrbrianalba@gmail.com
https://www.instagram.com/brian.alba8/
https://www.tiktok.com/@brianalba8

Otros libros de Brian Alba

El Poder de Estar Solo

El libro ofrece estrategias de vida recomendadas por psicólogos incluyendo ejemplos y consejos fáciles para mejorar tu vida en todos los aspectos con los cuales tendrás un camino marcado que solamente deberás seguir para poder lograr todos tus sueños y anhelos.

https://www.amazon.com/dp/B08Z9W56ZL

Reinventa tu Autoestima

La autoestima es una parte vital de nuestro bienestar emocional y mental. Poder crear una buena vida empieza a partir de hacernos cargo de nuestra vida, dejando de lado culpables y entendiendo que nosotros mismos somos los únicos responsables de nuestras vidas.

https://www.amazon.com/dp/B0C4MN14XV

El Poder de Crear Hábitos

Una guía clara y efectiva para transformar tus hábitos negativos en hábitos ganadores que te ayuden a cumplir tus objetivos. Desde la secuencia perfecta para crear nuevos hábitos, hasta cómo vencer la procrastinación y encender tu motivación. Este libro te proporciona las herramientas necesarias para llevar tu vida al siguiente nivel

https://www.amazon.com/dp/B0BXNP8QC3

Cómo Sanar una Relación de Pareja y Reconstruir la Confianza

En "Cómo sanar una relación de pareja y reconstruir la confianza," Brian Alba ha tejido un hilo común entre las relaciones felices y saludables. A lo largo de este libro, explorarás estrategias comprobadas, herramientas poderosas y ejercicios prácticos diseñados para sanar heridas del pasado, fortalecer la comunicación, cultivar la intimidad y alimentar el amor de pareja.

https://www.amazon.com/dp/B0CJBKQY8M

Cómo Sanar una Relación de Padres e Hijos

Explora cómo la inmadurez de los padres y la arrogancia de los hijos pueden transformar el hogar en un campo de batalla, dejando cicatrices emocionales que parecen insuperables.

Descubrirás cómo sanar las grietas en el corazón y restaurar el amor y la armonía en tu familia desde la lógica.

https://www.amazon.com/dp/B0CKNFPY3H

Gracias por tu valioso tiempo...

Con amor y gratitud,
Brian Alba

Made in United States
Orlando, FL
07 December 2024

55109894R00071